トヨタ式おうち片づけ

5つのしくみでみるみる片づく！

トヨタグループ出身
ほどよいミニマリスト
香村 薫
Kaoru Koumura

実務教育出版

5つの「しくみ」でみるみる片づく！

トヨタ式おうち片づけ

はじめにのはじめに

著者の夫　香村圭司

土曜日の夜、友人夫妻を招いての夕食。

妻同士の会話が耳に入ってきます。


「薫ちゃんちって、ホントいつも片づいてるよね〜」

「ダンナさんも一緒に片づけてくれるなんて優しい！うちと大違い」

「結婚してから一度もケンカしてないんでしょ？信じられない」

「毎日駅までダンナさんを迎えに行ってるの？ウソでしょ〜」


この前と同じこと言ってる……と思いつつ、悪い気はしません。

家が片づいていて、夫婦が仲良くいるだけで、これだけうらやましがられるなんて、すごく得してるなあと感じます。


僕は決して片づけや家事に積極的な夫だとは思いませんが、かといって妻に言われてイヤイヤ手伝っているわけでもありません。

ただ、「ほんのちょっとしたこと」で家の中が心地良くなり、夫婦間のコミュニケーションが良くなることを知っていて、それを実行しているだけなんです。その「ちょっとしたこと」をサボると部屋が散らかり、夫婦仲が悪くなってしまうことも経験上知っています。

でも、特に男って、この「一歩」がなかなか踏み出せない。僕も最初はそうでした。男性を動かすには「なぜ片づける必要があるのか」というロジックが不可欠です。

では、具体的にどうすればいいのか。その方法が、この本の中に詰まっています。

あなただけが頑張る必要はありません。

ぜひ、ご家族みんなで「トヨタ式おうち片づけ」を実践してみてください。

独身の方でも同様に使える方法です。

あなたのちょっとした行動で、おうちの環境や暮らしが良い方向に変わったら、とても嬉しく思います。

はじめに

著者　香村薫

この本は「仕事や育児はきちんとできるのに、家の中だけがどうしても片づけられない」という人が、ムリなく片づけられるようになる本です。

この本を手に取ったあなたは、次のように考えているのではありませんか。

- **アレもコレも持っているより、モノを厳選したライフスタイルが格好いい**
- **仕事はもちろん、プライベートが充実している人こそステキな人だ**
- **仕事ができても、部屋が汚いと結婚できない**
- **やればできるはず。仕事があれだけできるんだから**
- **どうせ片づけるなら、雑誌のようなオシャレ空間にしたい**
- **とりあえず片づけ本は読んだ。よし、やるか！**

と、自分の部屋を見渡して手を動かし始めるものの、5分後には次のような心境に……。

うわっ！ 改めて見るとこの部屋、相当ひどい（散らかってる）な
これ、全部片づけ終わるのに何日かかるんだ？
いま手に持っているコレは捨てるべきなのか？
あれ？ 結局何から手をつけたらいいんだろう……

安心してください。世の中に、「どうやっても片づけられない人」はいません。

ましてや、仕事や育児が人並みにできる人であれば、より早く片づけの本質を理解し、すぐさま実行に移し、結果につなげることができます。


私の自己紹介を、少しだけ。

私の職業は「ライフオーガナイザー」。初めて耳にする方もいらっしゃるかもしれません。

元々はアメリカで生まれた職業です。私が所属する一般社団法人日本ライフオーガナイザー協会では「思考と空間の整理の専門家」と説明されていますが、要は「片づけの専門家」。アメリカでは一般的な職業で、この原稿を書いている現在、日本では１１３５人のライフオーガナイザーが日々お客様の相談にのっています。

本書のタイトルを見て、「？」と感じた方は多いと思います。

普通「トヨタ式」といえば、仕事で成果を出すための方法、という認識ですよね。以前ベストセラーになった『トヨタの片づけ』という本も、トヨタの現場で行われている整理整頓が業務の効率化につながるという内容で、あくまで仕事のためのメソッドでした。

ここで少し、「トヨタ式おうち片づけ」が生まれた背景をお話しさせてください。

私は、幼い頃から物事のしくみを考えるのが大好きな「リケジョ」です。大学卒業後「アイシンＡＷ」というトヨタのグループ企業に入社し、７年間カーナビ事業部に勤めました。しかし、仕事に夢中になる時期と結婚が重なったため、仕事と家事の両立に悩む日々。

そこで、グループ会社全体に浸透していた「トヨタ式」と呼ばれる仕事の効率化ロジックを家での片づけに取り入れてみたところ、短期間で効果が出たのです。その効果を知ってもらいたくて、暮らしぶりや収納の様子をＳＮＳで公開したところ、「これなら真似できる」「片づけを教えてほしい」といわれるようになりました。

ライフオーガナイザーの資格を取得後は、自宅での片づけ講座と並行してお客様宅での片づけサポートを行っています。

「トヨタ式おうち片づけ」におけるカギはとてもシンプル。「片づけの方法論（ロジック）」とロジックのカギになる「モノの数を決めること」の2つだけ。

ロジックを理解することで納得できるため、片づけへの迷いがなくなり、モノの数を決めることで具体的なゴールが設定できるので、一歩前に踏み出すきっかけになります。

PART❶……「やりすぎミニマリスト物語」私たち夫婦の片づけに関する実話です。

PART❷……「なぜなぜ分析」何のために片づけるのかを確認します。

PART❸……「見える化」家にあるべきモノのほどよい量（適正量）を決めます。

PART❹……「ムダとり」ムダなモノを減らし、快適な空間にします。

PART❺……「5S（整理・整頓・清掃・清潔・しつけ）」家事を極限まで時短します。

PART❻……「カイゼン」片づいた状態（リバウンドゼロ）をキープするしくみです。

それではさっそくあなたの理想の生活を手に入れるために、いまできることをひとつずつ、着実に行っていきましょう。あなたの家がリバウンドゼロで片づいて、ストレスフリーの暮らしになることを心から願っています！

家族ひとりひとりの要望を叶えたリビングダイニング。
（私：大きめの植栽がほしい／夫：男っぽいインテリアを置きたい／
子ども：リビングで絵本を読んでほしい、自転車に乗りたい）
ＴＶを置かなくても、自然とみんなが集まる空間になりました。

OLIVIA

リビング収納には子どもの学用品を。
家族みんながモノの住所（どこに何があるか）
を知っているから、散らかしてもすぐ
元に戻すことができます。

床にモノを置かないように心がければ、
掃除も楽しい遊びに早変わり。
畳にもフローリングにも使える
「シュロ鬼毛ほうき」は長男、
軽い「マキタの掃除機」は次男の担当です。

「あわてて取りに戻るモノ」を
玄関収納に集結させました。
靴を脱ぐ必要がないから、
時間のない時に大助かり。

たたきに靴は置きません。
脱いだ人が、各自の名前が書かれたラベルの位置に戻します。

通常、TV はリビングではなく客間へ。
オモチャは持ち込まないのがルール。
ダラダラ観がちな TV も、集中すれば
短時間で満足できます。

来客がある時はベッドルームに。
この時 TV はリビングへ移動。

私たち夫婦のクローゼットは、
換気も兼ねて常に開けっぱなし。
手に取りたくなるように、Tシャツ一枚
一枚にアイロンをかけています。

ハンガーは滑り落ちにくい
「MAWA ハンガー」で統一。

洗面室の狭さを逆手にとり、
一歩も動かずにタオル・下着・寝巻の
3点セットを取れるように配置。

使いたいモノを厳選すれば、
鏡裏収納もここまで減らせます。

食事・仕事・勉強・遊びはこの場所で。
日当たりの良いリビングダイニングは、家族みんなのお気に入り。

押入れのふすまを取り払い、
アスレチックをイメージした
子ども部屋にしました。

天袋にはセリアとコストコ
のバンカーズボックスを並
べ、取り出しやすく。

時短を重視してモノを厳選したら、
食器棚は必要ありませんでした。

子どもが無理なく手伝えるよう、
よく使うお皿は立てて収納。

少しでも料理が楽しくなるように、
冷蔵庫は開けた時の見た目を意識して
整えるようにしています。

液体調味料は、500ml ずつ
セラーメイトの調理ビンに詰め替え。

＊香村家の間取り＊

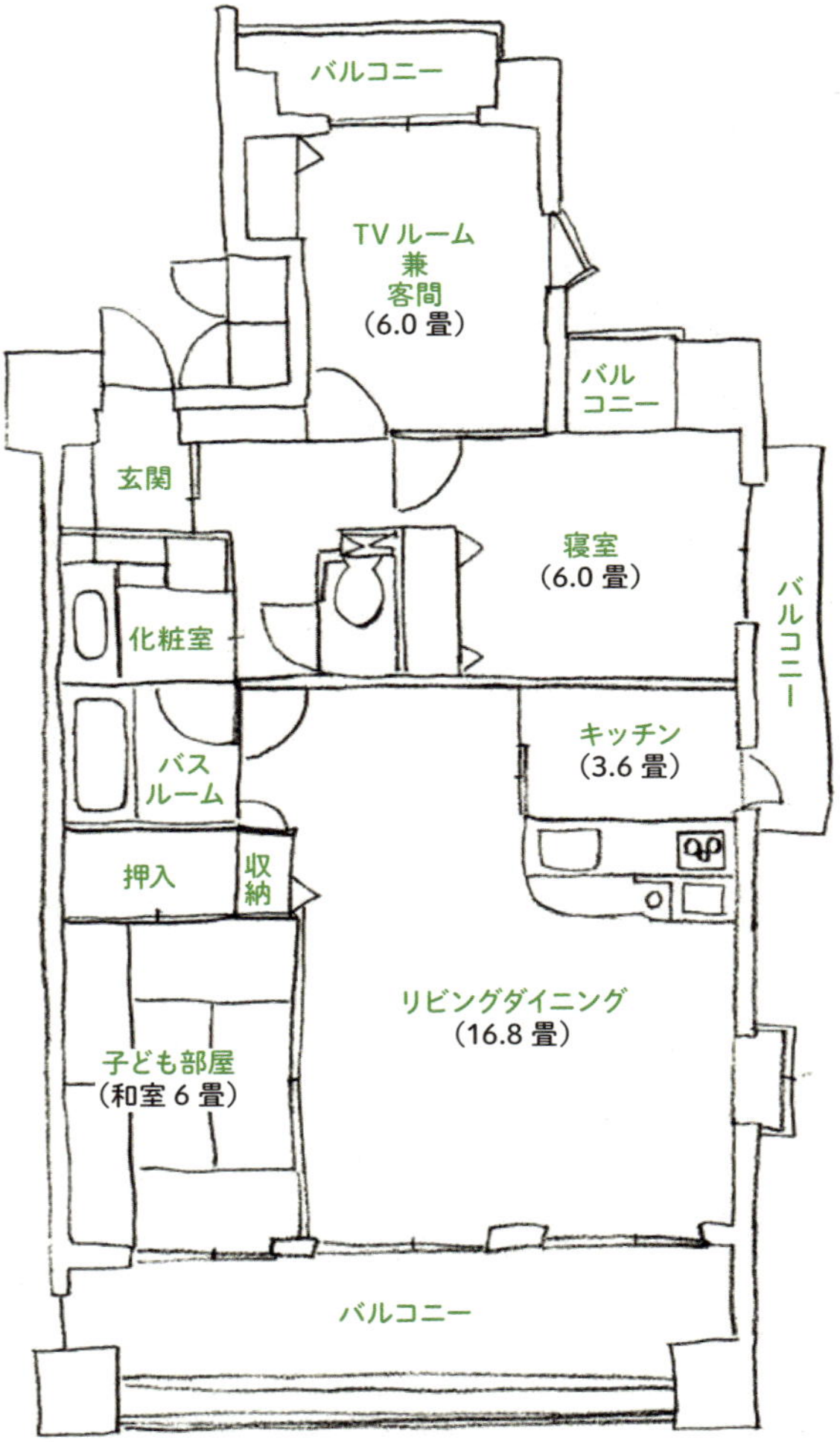

駅近と日当たりの良さで買った新築マンションは、今年で 15 年目。
全部の部屋を活用するように心がけています。

目次

PART3
「見える化」で モノのほどよい量を決める

PART4
「ムダとり」で モノを減らしスペースを広げる

PART5
「5S」で家事を徹底的に時短する

＊香村式・1週間でムリなくやりきるおうち片づけのしくみ＊

ウォーミングアップ → 初級

❶冷蔵庫（食材）　89ページ～（目標＝1～2時間）

最初は冷蔵庫で、片づけステップ全体の流れを把握します。

・冷蔵庫には基本的に食材しか入っていないので、分けやすい
・賞味期限、消費期限があるので要不要の基準が明確
・一日10回は開け閉めするので、取り出す時や探す時に時短効果を感じやすい

❷玄関（靴）　95ページ～（目標＝1時間）

・多い人でも30足程度なので、最後まで集中力を保てる
・「履いていて痛くなる」など、使わない理由が明確なので判断するのがラク
・一足減らすことで確保できるスペースが非常に大きい

❸クローゼット（服とバッグ）　101ページ～（目標＝5時間～）

・自分のモノなので、自分の価値観だけで判断できる
・服は「自分をどう見せたいか」に直結するので、片づけると頭の中がクリアになる

中級　上級

❹キッチン（カトラリー・食器）　115ページ〜（目標＝4時間〜）

・「食事を作り、片づける」という一日3回の家事を時短できる
・料理を作る人が自分だけで判断できる
・キッチンが片づいていると、安心感が得られる

❺洗面所（タオル・下着）　120ページ〜（目標＝3時間〜）

・共有スペースのため、家族へのヒアリングが必要
・ストックの数など、適正量をしっかり見直すことが大切
・一度片づけるとリバウンドしにくい場所

❻リビング（日用品）　125ページ〜（目標＝モノの状況による）

・住んでいる人にヒアリングしつつ、しくみをしっかり作ることが必要
・しくみが定着するまではリバウンドしやすい

❼思い出のモノ（写真）　130ページ〜（目標＝モノの状況による）

・自分の価値観が明確になってからでないと後悔しやすく危険

CASE 1

＊トヨタ式「見える化」でリバウンドを防ぐ＊

以前、とある「片づけのプロ」に家中の片づけを依頼したAさん一家。一度は片づいたものの、2年近くがたち、完全に元どおり。

ご夫婦とも仕事が忙しく、めったに休みが重なりません。一度リバウンドしたら最後、どこまでもモノが増えていき、何から手をつけていいかわからない……とのこと。

片づけを依頼された私が見た家の中は、次のような状態でした。

●**押し入れの下段はひな人形の収納でパンパン**

→しかし、肝心の和室にモノが散乱していて、ひな人形が飾れない状態

●**収納グッズは無印良品で統一**

→無印のファイルボックスの中には、書類が1枚ポツンと入っているだけ。ほかの書類はファイルボックスの前に山積み

●**カバンを気軽に変えられるように、リビングにバッグ収納スペースを確保**

→毎日同じバッグしか持たないので、収納が機能していない

●**リビングの一角を長女のランドセルラックと収納エリアに**

→ラックには使っていないものが収納され、使っているモノはラックの前に山積み

私は、一目見て「家族の行動パターンと習慣に合っていないな」と感じました。Aさんと一緒に片づけを進めながら何度もお伝えしたのは、「まず最初にモノの量を『見える化』しましょう」ということ。片づけてもリバウンドしてしまうのは、モノの適正量が決まっていないことが最大の原因だからです。

一緒にみっちり4時間片づけを行った結果が、次のページの写真です。

「香村さんが一緒だとできるんだけど、1人で次の場所を片づけるとなると……」とおっしゃるお客様は少なくありません。でも、私は常にお客様と一緒に片づけるわけではありません。お部屋を拝見し、お客様にしっかりヒアリングしているからこそ、LINEでの片づけ指南が可能になるのです。

Aさんの場合もそれから1か月間、2日に一度はLINEで現状確認を行い、片づけの手順をお伝えしていきました。

そんなある日、ついにお客様から「1人でリビングを片づけてみようと思います」と連絡をいただきました。ビフォーでは、モノが床に散乱しています。数時間後にアフター画像が送られてきました。

片づけを通して、自分に自信がついたAさん。「今日は洗面エリアに着手します！」と、朝から嬉しい連絡をいただきました。

BEFORE

AFTER

和室を子ども部屋にしたい、というお子さんの要望に応え、ひな人形は2階へ移動。押し入れ下段をおもちゃ収納にしました。もちろん、お子さんたちも一緒に作業。自分たちの秘密基地ができたことで、片づけも楽しんでやってくれるようになりました。

BEFORE

AFTER

- 「リビングの動線上にモノを置かない」家具配置に変更
- 「リビングで使うモノだけ」をリビングに収納
- 「モノがないスッキリ感」を味わってもらえるよう、出すモノを厳選
- 「和室にランドセルを置きたい」というお子さんのために、帰宅後にランドセルを置ける動線を確保
- リビングのバッグ収納を撤去。リビングのモノを「使う人別」に分けて収納

CASE2

＊トヨタ式「ムダとり」で床の見えるキッチンに＊

築10年、まだまだ新しい戸建てにお住まいのBさん一家。

平日は朝から夕方までパートの奥様、夜勤のある不規則な勤務のBさん。２人とも片づけが苦手で「いつか使うかも」「まだ使える」と、典型的な捨てられないタイプ。ある時私の片づけ講座を受けてくださり、モノを持たない暮らしへ生活をチェンジしたいと、自宅の片づけサポートをご依頼くださいました。

さっそく私の家で、一緒にお茶を飲みながら悩みをお聞きしました。

- **日々とにかくバタバタで、時間が確保できない**
- **今となっては、現状のストックを把握できていない**
- **買いモノは好きで、よく行く。100円ショップも大好き**
- **家族全員が片づけに無頓着**

同じような境遇の方、多いのではないでしょうか。そんな方には、キッチンの片づけからスタートすることをおすすめしています。キッチンは家の中でも滞在時間が長く、片づけによる時短効果が他のエリアよりも高いのです。

さっそくキッチンの戸棚にある食べ物をすべてテーブルに並べてみると、ご覧のとおり。６人掛けのダイニングテーブルに置ききれないほどの量！ ほかにも、10年前に賞味期限が切れた未開封の小麦粉が６袋。６年前の出産祝いでもらったブランド紅茶、未開封の缶が20缶などなど、次から次へ出てきます。

Bさんには、PART4でお伝えするトヨタ式「ムダとり」について作業中に何度もお伝えしました。作業は計３時間。次ページのビフォーアフターをご覧ください。

「キッチンが明るくなった気がする」「初めてキッチンにいるのが楽しいと感じた」そんな嬉しいご感想をいただきました。

作業から２週間は毎朝キッチンの画像をLINEで送ってもらい、リバウンドゼロの状態をキープするためのカイゼンを行いました。キッチンを行った後はリビングです。今では、家でポトラックパーティができるまでになりました。

また、ご家族にも変化がありました。お子さんが率先して料理や片づけを手伝ってくれるようになったそうです。さらに「主人が、自分の使わなくなったパソコンを率先してゴミに出してくれたんです！」と嬉しいご連絡をいただいたり。

次回はクローゼットの収納を見直し、「洗う→干す→戻す」がしやすいしくみを作る予定です。お客様の家事の負担を減らすことで、家族の団らん時間がさらに増えるといいな、と願っています。

キッチン戸棚から全部出した食べ物。干ししいたけや焼き海苔などの「いただきモノ」が多い傾向が。今後、いただきモノはすぐに使っていただくようお伝えしました。

BEFORE

AFTER

BEFORE

- 使っているモノはすべてキッチントップの上に置いてある状態
- 床に散乱しているモノが邪魔で、背面収納の扉が開けられない
- 本当は隠す収納にして、掃除が楽にできるキッチンにしたい

AFTER

- キッチントップには何もない状態
- キッチン床のモノがなくなったので、背面収納を有効に使えるように
- 各扉にラベリングをし、使うモノだけを厳選して収納

＊片づけ講座を受けた方の感想＊　K.Fさん

当日

本日の講座を受講させていただいたFです。
とても楽しかったです！ ありがとうございました。

さっそく自宅の冷蔵庫を見直し、なかでもずっと気になっていた冷凍庫から始めることにしました。本当に小さい範囲ですが、保冷剤が何十個も入っているのです。

うちには2人の息子がいますが、よく考えてみると、お弁当で保冷剤が必要なのは息子たちだけだと気づきました。大きさが違う保冷剤を2つずつ残して、ビッグサイズのモノは私が買い物で使う用に残すことにしました。残す保冷剤の数の「理由」をはっきりさせたことで、思い切って手放すことができました。

今は、冷凍室を空けた時の気分のいい状態にささやかな達成感を感じています (*^^*) 実は、この状態にするのに10分もかかりませんでした。なぜ今まで後回しにしていたんだろう……と思います。

そして、「棚を外してみる」というアドバイスもありがとうございます。その発想はなかったです！ 試してみます。片づけスイッチONの状態を持続できるように、まずは少しずつ片づけていこうと思います。

↓

後日

あれから、冷凍室の上段の棚を外して1週間試してみました。しだいに、自分が冷凍室にどういうモノを入れているのかがはっきりしてきました。そして、棚を外してもまったく不便はなく、引き出しを開けてひと目で何が入っているかがすぐにわかるようになったので、とても使いやすくなりました。

この調子で小さなところから見直し、片づけを継続していこうと思います。
ありがとうございました。

＊一緒に片づけを行った方の感想＊　Y.Kさん

当日

今日はありがとうございました。本当に疲れて、やっとLINEができるまでに回復しました（笑）。終わった直後は「今日はもうやりたくない！」と思ったのですが、理想の暮らしに近づけたいし、人を呼べる部屋にしたい！ そのためにも、次回香村さんが来てくださった時に今日の状態からリスタートではなく、1日5分でも続けていくことで、一緒に作業する時間をムダにしないようにできたらいいな♪ と思いました。

↓

翌日

今日は、朝から片づけて出社したせいか、気分がとても良かったです！ 無理せず続けられたらいいな。なんだか初めて片づけって楽しいんだなって感じました。腑に落ちたというんですかね。明日もやりたいな〜と思います。

↓

後日

あれから、スマホをリビングに置いて寝ています。そしたら朝5時に起きられるようになりました！ そして私も「インスタントの日」を作りました。そうして確保した時間で、昨日はリビングの棚を片づけました。

よく「どうなりたいかを考えてください」と本に書いてありますが、私は今まで自分の部屋のグチャグチャ状態を見ながら「どうなりたいか」なんて考えられなかったんです。

それが、香村さんと一緒に片づけることで、例えば「この棚にアクセサリーを入れてテレビの横に置きたい」と最終形を明確にイメージすることができました。そしたら、早くその光景が見たくて、楽しみながらやる気が出てくる自分がいるんですね。

そして、今日のようにちょっとやる気のない日も、こうして香村さんにLINEしただけで、一気に片づけスイッチがONになります。今から10分だけやって、アフター画像を送りますね。よろしくお願いします。

COLUMN

香村式・モノを増やさない工夫

＊ 食器は家族で共通のモノを使う

夫用の茶碗・子ども用のプレート……そういったモノは今の我が家にはありません。誰がどの食器を使ってもOK。そうすることで全体量がグッと減るので、5人家族でも食器棚が必要ないのです。以前よりもキッチンが広くなり、より作業しやすくなりました。子どもがワイングラスで牛乳を飲んでいる、なんて光景は日常茶飯事。「割ったりしませんか?」と聞かれますが、「この食器のこういう形が好き」と伝えておくことで、子どもが以前より食器を大切に使うようになりました。今、家で一番お皿を割っているのは実は私です（笑）。

＊ ダイニングのイスは2脚だけ

我が家は5人家族ですが、ダイニングチェアは2脚だけ。それには、次の理由があります。

・みんな揃って食事をとるのは週末だけ
・2脚だとよりゆったり座れる
・掃除の時にイスを動かすのが楽

3人以上で食べる時は、リビングのベンチや他のイスを持ってきます。誰がどこに座ってもいい「フリースタイルダイニング」です。

＊ パジャマを持たない

各シーズンで2着ずつ持つだけで、服の数がドッと増えてしまいます。夜寝る時に私が着物を着始めたことをきっかけに、「パジャマ」という概念をやめました。家族各々が着たい服を着て寝ています。子どもは夏には甚平、時には学校の体操服と、好き勝手にやっています。「パジャマがほしい」と言われれば購入すると思いますが、今のところはそれぞれ他に着たい服があるようです。普段から肌に触れて気持ちのよい生地、吸汗性のある服、シンプルなデザインを選んでいれば、どれをパジャマ化しても良いと思います。

PART 1

やりすぎ
ミニマリスト夫婦が
トヨタ式に目覚めるまで

ミニマリストもほどほどに……

ここ数年、「持たない暮らし」に興味のある人が増えていると感じます。「最小限のモノで心豊かに暮らす人」を意味する「ミニマリスト」という言葉が、2015年の流行語大賞にノミネートされたことを憶えている方も多いでしょう。

私たち夫婦も、数年前まで生粋のミニマリストでした。

「生粋の」と書いたのには理由があります。私の両親は、今考えるとミニマリストの先駆けだったかもしれないと思うくらい、モノを厳選した暮らしをしていたからです。

日用品以外のモノを買う両親の姿を見た記憶は、ほとんどありません。家電1つ買うにしても、メーカーのパンフレットを可能な限り集めて徹底的に比較検討し、コストに見合わないことがわかればさっさと取りやめです。リビングやキッチンはもちろん、押し入れにもほとんどモノらしいモノはありませんでした。

「モノを買うお金があるなら、思い出や経験に使う方がいい」

それが、亡き父の口ぐせでした。

おもちゃではなく、旅行や体験に投資してくれる。そんな家庭環境で幼少期を過ごした私（と弟）は、当たり前のようにモノに執着しない性格に育ちました。

そんな両親のミニマリズムぶりを象徴するエピソードがあります。

ある時、実家のお風呂の電球が切れてしまったことがありました。普通の家なら、すぐに電気店で新しい電球を買ってくる、もしくはお風呂屋さんに行く、となるところです。

しかし、両親は電球のないお風呂をそのまま受け入れ、真っ暗なお風呂に入り続けていました。それも1か月も（笑）。父と母は一緒に、こう言っていたものです。

「あの環境、悪くないよね。五感が研ぎすまされて逆にリラックスできる気がする」

２０１５年始め頃、「ミニマリスト」と名乗る方々が、自分たちの暮らしをメディアで公開するようになりました。初めてサイトを目にした時、「こういう価値観の人って、私たちだけじゃなかったんだ」「ひょっとして私たちも『ミニマリスト』なんじゃない？」と驚いたことを覚えています。と同時に、私たち夫婦の価値観が、世間一般の基準からかなりかけ離れたところにあることを悟った瞬間でもありました。

私たち夫婦が徹底的に実践したことで見えてきた「ミニマリズムの向こう側の景色」をふまえて、持たない暮らしをしたいとお考えの皆さんにお聞きしたいことがあります。「モノさえ持たなければ、素敵な暮らしが待っている」と思っていませんか？

モノがなくなれば、部屋だけじゃなくて気持ちもスッキリするんでしょ？
ストレスも減るんでしょ？
体重も減るんでしょ？
人生がうまくいくんでしょ？

私が言えることはたったひとつ、「憧れだけでミニマリストになると後悔する」ということ。なぜいきなりこんなことをいうのかを理解してもらうために、まず最初に「ナチュラル・ボーン・ミニマリスト」だった私たちが過ごした7年間を包み隠さずお話しします。

私は、アイシンＡＷへの就職を機に一人暮らしを始め、２年後に24歳で結婚しました。夫もたまたま「デンソーテクノ」というトヨタグループの別会社に勤めていました。夫は、私以上にモノに執着しないタイプ。夫いわく、モノ集めは小学生の時に流行った「キン肉マン消しゴム」で卒業したとのこと（笑）。

そんな彼は新居に、なんとスーツケースひとつでやってきたのです。私ですら大型車の後部座席が荷物で埋まっていたというのに……。結局、新居への運び込み作業は30分ほどで終了。ありえない短時間ですよね。

モノに執着しない2人が、一緒に暮らすとどうなるでしょう？　ご想像のとおり、ミニマリストぶりが一気に加速。極限のモノなし生活を送ることになったのです。

モノを捨てまくったしくじり夫婦

当時の私は、新婚にもかかわらず、夫とすれ違いの日々を過ごしていました。

毎日の残業で、帰宅はいつも0時過ぎ。そこから慌てて食事や洗濯などの家事をすませると、あっという間に深夜2時。「やばい、もう寝ないと！」とベッドにもぐり込むものの、家事で脳が冴えているためか、なかなか寝つけません。睡眠不足のまま、翌朝9時ギリギリに出社。そんな余裕のない日々を送っていたのです。

「もう少しプライベートの時間がほしいよね」ということで、夫婦会議を行いました。お互い新米社員である以上、仕事時間を削るのは難しい。ならば家事時間はどうかという話になり、「内容を見直してみない？」「家事全体にかかる時間ってだいたいどれくらいだろう」などと、「暮らしの手帖」や「主婦の友」などを読んでは、手当たりしだいに時短につながる家事を試すようになりました。

あれこれ試す中で、もっとも時短に効果があったのが「モノを減らすこと」。モノがないだけで、掃除機は3分、食事の後片づけも5分短縮できたのです。それを知った私たちは、モノを捨てることに夢中になっていきました。

TVを捨ててみたら……ギャンブルにおぼれた

TVにDVDプレーヤー、それを支えるTVボード。リビングの中ではTV関連のモノが多く、またけっこうな場所を占領しているもの。まずはこの大モノをなんとかしようと考えました。

TVは捨てたいけれど、まったく番組を見られなくなるのも味気ない。あれこれ悩んでいたところ、ちょうどいいタイミングで、TVチューナーが内蔵されたデスクトップパソコンが発売されたのです。パソコン1台でTVやDVDを観ることができ、Eメールやインターネットができる（当時、スマホは普及していませんでした）。これは一石二鳥！と、TVをあっさり手放すことにしたのです。

ところが、そのうちに「異変」が生じました。平日はTVを観る時間がなかったため気づかなかったのですが、せっかくの休日に小さな16インチのパソコンで大好きなスポーツ観戦をする気にはなれず……結局、毎週のように映画館に出向くことに。

しかし、それも長くは続かず「もっと週末を満喫できる娯楽はないか？」と探すうちに「お互い、数学の確率論好きだよね？パチスロなら生かせるんじゃない？」ということで、人生初のギャンブルに赴くことにしたのです。

「はじめに」でお話ししたとおり、私は幼い頃から数字好きのリケジョ。事前にパチスロ攻略本を読みあさり、必勝法を頭に叩き込んだ上で臨んだ初戦、ビギナーズラックも加わって大勝ち。充分すぎる満足感を味わってしまいました。

こうして味をしめた私たちは、週末になるとパチンコ屋に並び、財布がすっからかんになるまでお金をつぎ込む日々。今思うと、一度勝った記憶が忘れられなかったのですね。いうまでもなくギャンブルは引き際が大事。しかし、それは攻略本では禁句。大当たりが出るまで打ち続ければ、そりゃ負けるはずです。

それでも歯止めの効かない私たちは、夏冬のカジノ旅行inラスベガスを決行。当然ですが、カジノに必勝法なんてありません。結局、総額1000万円以上の損失を出してしまったのです。当時すでに子どもがいたら……と思うとゾッとします。

テーブルを捨ててみたら……来客ゼロになった

一度「今まで当たり前のようにあったモノ」を捨てだすと、いろいろなものが「余計なモノ」に見えてきます。

TVがなくなったので、TVの前にあったローテーブルとソファも捨てることにしました。「ソファまで捨ててしまって大丈夫?」という声が聞こえてきそうですが、案の定、大丈夫ではありませんでした(笑)。

やりすぎミニマリスト時代
（2001〜2008）の我が家。
あまりにも殺風景で、
引っ越した後みたいですね。
これでは、お客様をお招きしても
帰られてしまって当然。

ある日、ソファのない我が家に上司夫妻をお招きしてランチ会をすることに。リビングまで来たところで、奥様がおずおずと、

「ええと、どこに座れば？……」

私たちはいつもどおり、

「お好きなところ（床）にどうぞ」

（こんなにスペースがあるのに、どうしてそんなこと聞くんだろう）と、当時の私たちは本気で思っていたのです。


何もないフローリングに腰を落ち着けたものの、所在なさげなお二人。その日はちょうど上司の奥様の誕生日だったので、私はバースデーケーキを冷蔵庫に準備していました。ところが、昼食を終えると、上司は早々に帰り支度を始めるではありませんか。

結局、玄関先でケーキを渡すことに。そのケーキを見た奥様は「えっ、こんなの用意してくれていたんですか？　なんだかすみません……」と言ってくれたものの、その後、二度とご夫妻がいらっしゃることはありませんでした。


その後も数組の来客がありましたが、どなたもすぐに帰ってしまい、最終的に、お招き

しても誰も来なくなってしまいました。何もない部屋というのはスッキリして見えて、実は来客にとって居心地の悪い空間だったのです。

ダイニングセットを捨ててみたら……走っているのに太った

しかし、「他人の目にどう映るか」にまったく無頓着な（理系にありがちですが）、やりすぎミニマリスト夫婦の断捨離祭りはとどまるところを知りません。

私たちのダイニングテーブルの上にいつも置いてあったのは、食事ではなく、仕事関連の本でした。結婚してからの7年間で、平日に夫婦揃って夕食を共にした回数は、片手で数えられるくらい。今考えるとゾッとします。


「1人で食べるなら、キッチンのカウンターがあればよくない？」

「それいいね！立って食べたらいいだけだし」

「カウンターならシンクに洗い物を置くのも楽だし、冷蔵庫にも近い。超効率的！」

というわけで、すぐさまダイニングセットを手放すことにしました。

これまた平日は、特に何の支障もありませんでした。問題は週末です。いつものように何もないリビングに座布団を敷き、お膳のように小さいテーブルで昼食を食べていました（2人で立ち食いはさすがに……ということで）。初めのうちは会話も弾んでいたものの、だんだん禅寺での食事のように思えてきて、自然と口数が減ってくるのです。この沈黙に耐えきれず、「夕食は外食にしよう」と意見が一致しました。

私たちが住んでいる愛知県はいわゆる「モーニング」激戦地。あちこちにコスパ抜群のモーニングが揃っています。お昼はおしゃれなカフェでランチ、夜は行きつけの店で焼肉やお寿司……。子どものいない20代の夫婦にとってそんな外食が魅力的でないわけがなく、最終的には、週末の朝昼晩の計6回すべて外食というスタイルに。ゴミも出ないし、家事も楽になって一石二鳥と、無邪気に喜んでいました。

しかし、栄養を考えない外食を続けるとどうなるか？　当たり前ですが、体重が増えます。私が会社を辞める頃には、今よりも確実に5kg以上太っていました。

このころ、世の中のランニングブームにのって毎朝3～4km走り、夫婦でフルマラソンにも出場したくらいです。それでも太っていったのですから、何も運動していなかったら一体どうなっていたか、想像するだけで恐ろしいです。

音楽を捨ててみたら……原因不明の偏頭痛が始まった

私は3歳からエレクトーンを習っていて、中学では地区の合唱団で中国遠征代表に選ばれ、高校時代は吹奏楽部の部長を務めるほどの音楽好き。

そんな幼い頃から身近にあった音楽さえも、捨てることを決心。数百枚のCDの重みもなんのその、CDコンポごとゴミに出しました。

映像も音楽もない部屋には、本当に「シーン」という音が聞こえるほどの沈黙が押し寄せてきます。そんな部屋で会話が長続きするはずもなく、だんだん沈黙が不快になってきました。それどころか、一度も経験がなかった片頭痛まで始まってしまったのです。

私たちはとうとう家にいること自体が苦痛になり、夫婦揃ってアロママッサージに通うようになりました。90分で1人8千円。これを2人で毎週ですから、当然かなりの出費に。気分的にはリラックスできても、片頭痛はいっこうに治まりませんでした。

結論。モノを捨てすぎると不幸になる

こうして、空っぽの部屋に嫌気がさし、家の外での楽しみに明け暮れていた私たち夫婦。しかし、家の外で楽しみ続けるには、常に好奇心と満足感を更新する必要がありました。誇張ではなく、話題の新名所にいち早く行っても「ふーん、こんな感じか。で、次はどこ行く?」という感じでした。そのうちに、何をしても、どこに行っても、虚しさを感じるようになってしまったのです。

さらなる刺激を求めてギャンブルもエスカレートし、コース料理や焼肉で太り、マッサージに行けども体調は悪くなる一方。来客もなく、週末はいつも2人きり。会話といえば「さて……今から何する?」くらいでした。

今考えると、モノを捨てても捨てても、お金を使っても使っても心身が満たされないジレンマに、私たちはストレスを抱えていたのだとわかります。

夫婦でとことん話し合って作った、片づけのルール

極限のミニマリスト生活7年目。突然の私の父の死をきっかけに、私たちは今の暮らしを考え直すことになりました。

私の父も、賭け事が大好きでした。私たち夫婦の新婚旅行先のラスベガスについてきたくらいです。週末は、近所のパチンコ屋の定位置に一日中滞在。そんな父が急に倒れたのです。

病床の父に「パチンコの攻略本、買ってこようか」と言っても、「いや、いい」。私なりに父が喜ぶと思っていたのに拒否されたことで「父は、本当にギャンブルが楽しくてやっていたわけではなかったのかもしれない」と感じた私は、父親以上にギャンブル依存の生活を送っている自分に問いかけました。

「私たちは本当に、今の生活を望んでいるんだろうか」

モノを極限まで捨て、家事をしくみ化して自由な時間を作った私たち夫婦。なのに、な

ぜ「満たされない」んだろう？

私たちは、病院からの帰りの車中で「なぜ？」「なぜ？」と繰り返しました。そして、ふと次の疑問に突き当たったのです。

・苦労して生み出した時間で、本当は何をしたいのか？
・今から10年後、どうなっていたいのか？
・「余命1年」といわれたら何をしたいのか？
・私たち夫婦にとっての理想の暮らしとは？

「ム、ムリ。話が壮大すぎる……」

沈黙が流れます。無理もありません、それまでイソップ物語のキリギリスのように暮らしてきた私たちが、突然哲学的な問いに直面したのですから。でも、ひとつだけ私たちに共通する考えがありました。

それは「家の中をもっと心地よくしたい」ということ。

とはいえ、こういう話を夫婦でマジメにするのはなんとなく気恥ずかしい。そこで、同じトヨタグループで働く者同士、脳みそに染みついていた「トヨタ式」の仕事の進め方で「家をより心地よくするにはどうしたらいいか」を考えてみたのです。

そうしてじっくり話し合い、試行錯誤を重ねた結果、1つの法則にたどり着きました。「モノの価値を感情ではなく、数値で判断するとうまくいく」ということです。

トヨタグループでは、仕事の価値を感情でなく数値で判断することを徹底して叩き込まれます。「心地よい家とはどんな家か」をできるだけ数値で表し、捨てる・捨てない、どこに何を置く、誰が使う、いつ使うなどの判断指標にすることを決めました。

そうすることで、少しずつ家の中に「家を心地よくする」モノたちが増えていきました。

そんな私たちの現在の部屋の様子が、冒頭の写真です。

「自分たちが心地よい暮らしをしたい」と部屋をカイゼンしていると、驚いたことに、来客がだんだん増え始めました。皆がゆったりと過ごせているのか、会話も途切れることがなくなりました。さらには、

「どうしたらこんな少ないモノで心地よく暮らせるの？」

「家事がラクそう！ 片づけ方を教えてもらえない？」

といわれるようになりました。
そこで、思いきって片づけを仕事にする決心をしたのです。

「捨てる」から始めない。それが正しいお片づけ

その後、私はライフオーガナイザーの資格を取得しました。片づけの資格は数多くありますが、「捨てるから始めない」「もっと生きやすく・もっと心地よく」というライフオーガナイザー協会の理念が、私の考え方にぴったり合ったからです。

資格の勉強をしながら、私は生まれて初めて『片づいた状態』って、具体的にどんな状態をさすんだろう？」と考えるようになりました。

「キレイに片づいた部屋」の代表といえば「モデルルーム」。でも、例えば雑誌にのっているような魅力的な部屋はモノも多いし、決してモデルルームのようではありません。

両者の違いは、いったい何だろう？
講師の先生や一緒に学んだ同期の人たちと話すうちに、一つの答えにたどり着きました。

そこで暮らす人の「人となり」が見えるから魅力的なんだ、と。

当時の私たちは、「家に何もないね」といわれることを本気でほめ言葉だと思っていました（笑）。本当は「あなたはロボットみたいな味気ない人ね」と遠回しにいわれていたのだと、今ならわかります。

COLUMN

ミニマリストが持たずに後悔したモノ

＊ 必要な賞状を捨てちゃった!

夫が持ち帰った、とある資格の賞状。数日飾ったのち、夫と話して「子ども用のスペースにしよう」ということで、捨てることに。それから数年後、ひとつ上の級の試験を受けるのに、捨ててしまった賞状に書かれている番号が必要となり、夫婦でヒヤリ。 先方に事情を話してことなきを得ましたが、それ以降はスマホで写真に撮って、「エバーノート」に保存してから捨てるようにしました。

＊ 仕事に必要なデータを消しちゃった!

私は書類データ・画像・メール履歴など、目に見えないモノも手放したいタイプ。仕事でやり取りしてから1週間もすると“ 今使っていないからいいか ”とデータを削除し、HDD の空き容量を眺めてはニヤニヤ。案の定、先方から「あの時の資料で……」と言われて「しまった!」と焦って作り直すことがしばしば。

＊ 空き箱・割り箸・輪ゴムを持ってない!

子どもが通う学校から「空き箱を持ってくるように」と言われ、家中探してもなかったので友人に譲ってもらうことに。割り箸と輪ゴムを学校に持っていくためだけに、コンビニにお弁当を買いに行くことも。「そういうときは 100 円ショップで買うのよ」と友人に言われ、納得しました。それからは、最低1つずつはストックするようにしています。

＊ スポンジを持ってない!

ハンバーグを作った後の油まみれのフライパンを洗う時に、スポンジがないことが判明。代わりになる歯ブラシやタワシのストックなんてあるはずもなく、仕方ないのでフキンやキッチンペーパー、最後にはラップを丸めたモノも使ってみました。3 日間いろいろ試して、やっぱりスポンジは必要!と実感し、買いに行きました。

PART 2

「なぜなぜ分析」でモノに対する自分の価値観を知る

片づけの前にやっておくべきたったひとつのこと

ＰＡＲＴ１で、片づけは「モノを捨てる」から始めてはいけないとお伝えしました。では、何から始めればいいのでしょうか。

まず、最初にやることはズバリ「自分（たち）のモノに対する価値観を知ること」です。いきなり「価値感」といわれても、「？」ですよね。もう少し詳しくお話しします。

片づいた状態がイメージできないのは、思考が整っていないから

「とにかく家の中がすごい状態で……。いったい何から手をつけたらいいんでしょう？」

私に片づけを依頼される方、ほぼ全員がそうおっしゃいます。「部屋の乱れは心の乱れ」というように、部屋の中も頭の中も混乱している状態なのでしょう。

このような方々には、次のような共通した行動があります。もし、あなたも似たような行動をとっているなら、頭の中が整理されていないことになります。

モノを持たない暮らしに憧れる一方、100円ショップであれこれ買ってしまう
アプリの「メルカリ」で買う服を検索しつつ、目の前の洗濯物はほったらかし
一気にモノを捨ててみるが、すぐ元のグチャグチャの部屋にリバウンドしてしまう
常に周囲にあるモノをいじっていないと時間が潰せない

片づかないのはあなたじゃなく「しくみ」のせい

私が勤めていた会社を含むトヨタグループでは、重大な失敗があった時、同じことを二度と起こさないよう再発防止に取り組みます。

その再発防止策の一つに、有名な「なぜなぜ分析」というメソッドがあります。これは問題点に対し、それが「なぜ起こったのか」を繰り返すことで理由を深掘りし、真の原因を突き止める手法で、今はトヨタグループ以外の企業にも広く取り入れられています。

関係者で分析を行っていると、いつも思わぬ原因に気づかされました。「なぜなぜは最低5回繰り返せ」「原因は人ではなくしくみのせい」と、上司に何回も言われたものです。

実際に私も仕事でミスをした時に「なぜなぜ分析」を使って再発防止に取りくんでいくうちに、しだいに日常でも「なぜなぜ分析」をするのがクセになっていました(笑)。

例えば「朝、夫がスーツに着替える時、アイロン済みのワイシャツがない」ことが数日続いたことがありました。アイロン担当は私でしたが、朝のバタバタで間に合わない……。これを「なぜなぜ分析」したところ、いくつかの要因が見えてきました。

- **ワイシャツが4枚しかない**
- **アイロンをかける時間が不規則**
- **明日着るシャツがあるかどうか未確認**

出てきた3つの要因を解決するために、次のルール（しくみ）を作ることで、この問題は二度と起こらなくなりました。

- **ワイシャツは平日5日分用意する**
- **アイロンは毎週日曜日の夜にまとめてかける**
- **朝着る時に明日のワイシャツがあるか確認し、なければ夫から申告する**

片づけの仕事をするようになって、家の中が片づかないことで自分自身を責めてしまうお客様がとても多いことに気づきました。その方たちにお伝えするのは「片づけられないのはあなたではなく、『しくみ』です」ということ。片づけてリバウンドしてしまうケースでも同じ。真犯人は「しくみ」なのです。

「キレイな部屋でのんびりコーヒーが飲みたい」では片づかない

私に片づけの依頼をくださる方には、必ず「何のために片づけるのか」を確認させていただくのですが、多いのが次のようなパターンです。

私　家が片づいたら、Aさんはどの場所で何をしたいですか？
お客様　そうですね……まずはスッキリした部屋にしたいです。
私　なるほど。ちなみに、どんなお部屋をイメージされていますか？
お客様　えっ……と、モデルルームみたいな部屋、ですかね。
私　モデルルームのような部屋、ですか。
お客様　はい。日用品とかを全部隠したいです。
私　なぜ、隠す収納にしたいと思ったんですか？

お客様　う〜ん、雑誌に載っている部屋みたいでカッコいいから……ですかね。
私　では、そのスッキリした部屋で何がしたいですか？
お客様　ソファでコーヒーを飲みながら雑誌を読みたいですね〜。
私　なるほど。コーヒーがお好きなんですか？
お客様　いや……そんなに好きってわけじゃないですけど。
私　その時にどんな雑誌を読みたいですか？
お客様　えっ……と、ちょっと思いつかないですねぇ。

ここで一度、考えてみてください。

あなたは、モデルルームのような部屋で本当に暮らしたいですか？

あなたは本当に「綺麗な部屋でコーヒー片手に雑誌を読む」という目標のために、最後まで片づけを頑張れますか？

モノひとつひとつと向き合うのは、正直かなり疲れる作業です。気力と体力の両方を使います。本当に、最後までやる気を継続できますか？

もうおわかりですね。**片づけ下手な人は、「何のために（どんな暮らしをするために）**

片づけるのか」、つまり片づける理由があいまいなのです。あいまいなまま進めるからモチベーションが長続きせず、モノを捨てる基準がわからなくなり、捨てすぎてしまう（暴走してしまう）のです。

私たち夫婦も、その基準がわからないまま捨てることに夢中になり、挙句の果てにはすさんだ生活になってしまいました。逆に考えれば『何のために片づけるのか』が明確になれば、9割片づいたのと同じ」なのです。

できれば、片づけには毎回「わくわくする目標＝ゴール」を設定し、そのゴールに向かって片づけを始めたいもの。その時に「やりたいこと」を間違って決めてしまわないように、あなた（と家族）のモノに対する価値観をはっきりさせる必要があるというわけです。

自分自身に「なぜ」を繰り返せば、モノへの価値観が見えてくる

自分（と家族）が人生で一番大切にしたいことって、何だろう？
自分（と家族）の暮らしに本当に必要なモノって、何だろう？
自分（と家族）は片づいた家で、どうしたいんだろう？

「何のために片づけるのか」の答えを導き出すためには、自分の潜在意識下にある価値観を「見える化」する必要があります。でも、日ごろからよほど内省的な人でない限り、いきなり「あなたのモノに対する価値観は？」と聞かれて、即答できる人は少ないでしょう。

私たち夫婦も、自分たちが日々何に価値を置いて暮らしているのか、なかなか見えてきませんでした。でも、今日の何気ない日々も、私たちが価値を感じて選択してきた結果。お互いの子どもの頃の思い出に始まり、学生時代に熱中したこと、友達や恋人のタイプ、さらには、就職や結婚など、人生の大切な岐路で何を思って1つの道を選んだのか？　ということをじっくり話し合ったのです。その時間、100時間以上！　膨大な時間をかけて私たち自身を振り返ったところ、お互いの価値観が徐々にはっきりしてきました。

私が人生で大切にしているのは、「合理性」と「物事を前進させること」。

夫が人生で大切にしているのは、「安心感」と「人に何かを教えること」。

家族の価値観を知ることで、片づけは10倍スムーズになる

お互いが人生で大切にしていることが明確になると、意見が食い違った時に以前なら「どうしてそんなこと言うの？」と思っていたことも、不思議と少しずつ受け入れられるようになっていきました。例えば私たちの場合、路線検索する時に、

私……スムーズな乗り換えで、一番早く着くルートを選ぶ
夫……時間に余裕を持って、一番安全なルートを選ぶ

これも、お互いの価値観を知っていれば「そうか」となりますよね。

よく、結婚した友人から「あんな人だと思わなかった」というセリフを耳にしますが、お互いの価値観をきちんとシェアできていないことが一番の原因だと私は思います。いくらふだん会話があるといっても、日常会話と、お互いの価値観をさらけ出す会話ではまったく違うはず。

私たち夫婦も、毎晩のように「お互いの価値観探しトーク」をするようになってから、本当の意味でお互いを理解できるようになったと感じています。

モノへの価値観が明確になる「なぜなぜ分析」ワーク

前のパートでお話ししたとおり、私たち夫婦はこの「なぜなぜ分析」を生活に応用することで、「自分の価値観」に結びつけることができました。

そして、分析を始めやすいように、問い（問題）を４つに絞りました。これは、私たち夫婦が実際に使って効果的だった問いベスト４です。

①位　お金・健康・家族以外で、あなたにとって大切なモノは？
②位　自分ってこんなところが長所だな、と思うことは？
③位　幼い頃から時間を忘れるほど夢中になってしまうことは？
④位　憧れの人・有名人は誰？　その人のどういうところに憧れる？

それぞれの設問に対して、「なぜそう思うのか」を5回繰り返し、たどり着いたキーワードがあなたの価値観になります。

いかがですか？　実際にやってみるとわかりますが、就職・結婚・新居選びなど、自分の人生の岐路に立った時、その価値観を軸にして進む道を選んできた自分がいるはずです。

トヨタグループの「なぜなぜ分析」

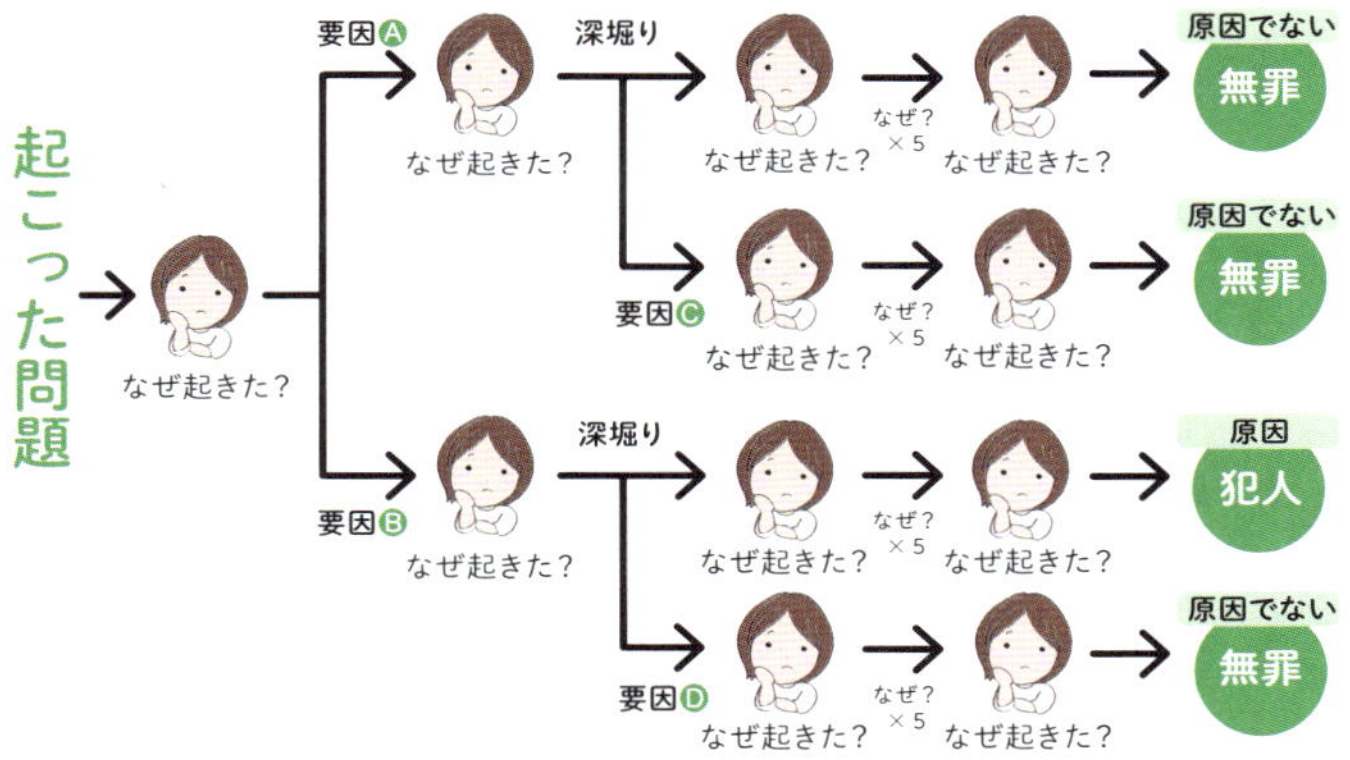

おうち片づけの「なぜなぜ分析」

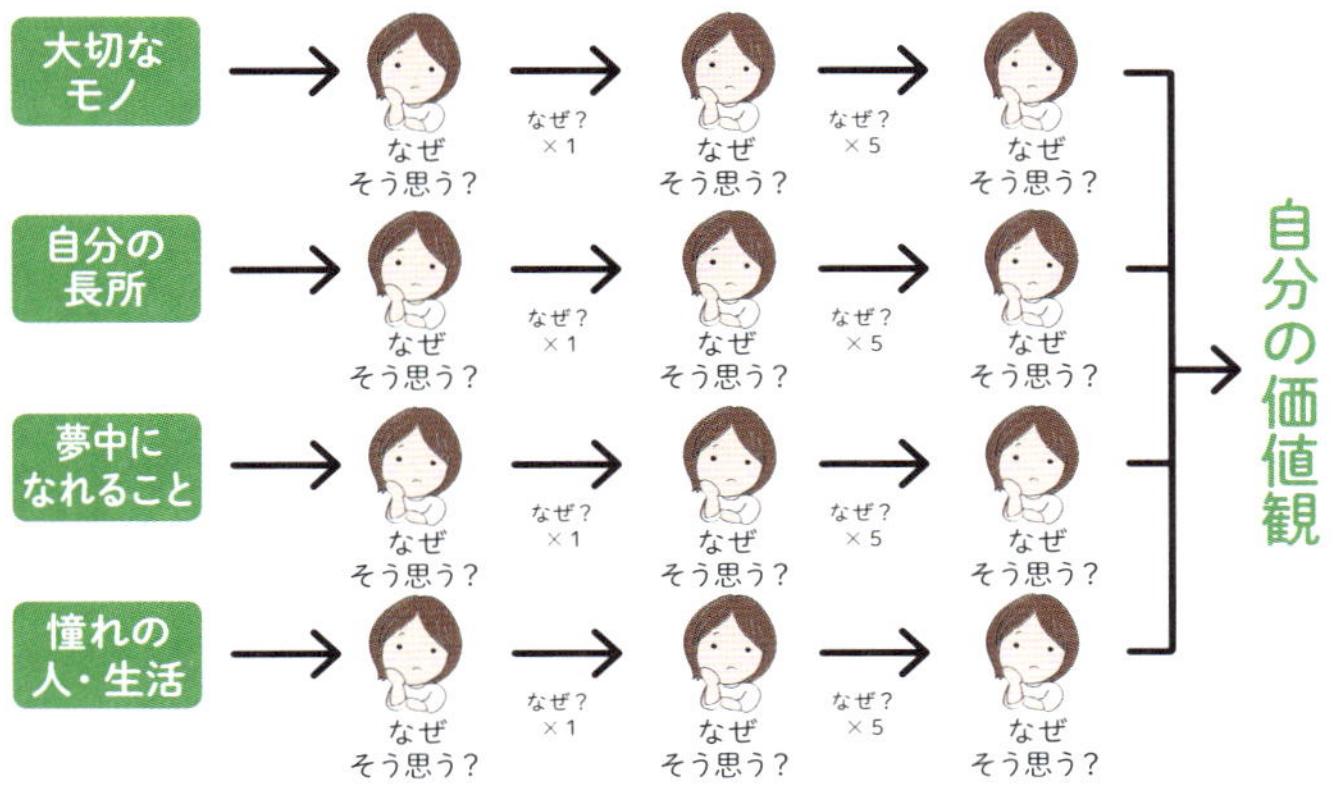

10年後の自分をイメージすれば、めざす暮らしが見えてくる

自分の価値観を確認する時、過去の自分を遡るのと同時に、未来の自分も想像する必要があります。

まずは、10年後の夢を声に出してみましょう。私の場合は10年後ではなく、子どもたちが成人して家を出る20年後をイメージしました。

「マンションを手放し、キャンピングカーで全国を移動しながら夫婦仲良く暮らす」

ずいぶん前にこの話をした時、夫は「はあ？　マジで？」とあきれていました。今思うと「安心感」を求める夫にとって「安心の象徴である自宅」を手放すなんてありえないこと。当然ながら、話がかみ合うことはありませんでした。

ことわっておくと、私はキャンピングカーでキャンプをしたいわけではありません。なぜキャンピングカーにこだわるのか、その部分が伝わらないと相手も納得してくれません。

そこで、私はなぜキャンピングカーでなくてはいけないのか、その理由をピックアップ

し、夫に伝えました。

- 家という「モノ」に縛られたくない。毎日が旅行だったら刺激的で楽しい
- 暑い時は北へ、寒い時は南へ。遊牧民のような生活をしてみたい
- 子どもが巣立つと夫婦の言い合いが多くなる。共通の目的があると違ってくるはず
- モノはいらない、大きな家もいらない。経験や思い出、人との出会いがほしい
- キャンピングカーはスモールハウス。車の外が毎日違う庭になる
- 万が一地震などが起きた時、すぐ避難できて便利

すると夫は「なんかわかる気がする」と、話を聞いてくれるようになってきたではありませんか。やがて、「まずは一度体験してみよう」ということでまとまったのです。

トヨタ式で叩き込まれた、目標達成ステップを明確にする技術

トヨタグループでは全社員が「目標管理シート」や「アタックシート」など、各企業によってさまざまな名前のついた個人目標シートを持っています。これを使って上司と面談

し、評価（ボーナスの査定）やアドバイスをしてもらいます。年度初めに、次の4つのステップで目標を決めていきます。

- 「組織目標をふまえた1年後の個人目標」を今の自分から少し高い所に設定する
- 「それを実現するために、半年後に何ができていればいいか」を明確にする
- 「半年でそこまでいくために1か月後に何ができていればいいか」を明確にする
- 「1か月後の目標を達成するために、毎日何をすればいいか」を明確にする

というように、目標から逆算して期間を分割し、やるべきことを具体化していくのです。この時大切なのは「数値で見えるようにすること」だと何度も上司に言われました。

憧れのキャンピングカー生活に向け、ステップを明確にしてみた

そこで、「1年後にキャンピングカー生活を体験してみる」という少しだけ高い目標を立て、その目標実現に向けたステップを次のように設定しました。

◀ 今週の目標……キャンピングカーの内容をネットで検索する
◀ 今月の目標……「キャンピングカーのモーターショー」に行く
● 1年後の目標……レンタカーでキャンピングカーを借りる

今週の目標はネット検索。そこで、毎日30分と決め、ネットでキャンピングカーについて検索することにしました。

検索してみて驚いたのが、車両の大きさです。普通車の登録で所有できる車種が多いことに希望が持てました。そして「軽キャンパー」と呼ばれる軽自動車タイプがトレンドであること、キャンピングカー市場全体がうなぎ上りで活性化していることも分かりました。

さっそくその日の晩に、夫へ5分ほど調査結果のプレゼン。なかなかいい反応！　無事、次のステップであるモーターショーに行く約束を取りつけました。

今月の目標は、モーターショー見学です。調べると、2週間後に車で1時間ほどの所で最新キャンピングカー100台が集まるイベントがあるではないですか！　さっそく家族で出かけてみました。

軽ワゴン車の後部座席がベッドに早変わり。大型車はソファとベッドを標準搭載し、ミニキッチンも使いやすそう。想像以上に充実した設備と価格の安さがわかり、夫も少しずつ前向きになってきました。

あとは1年後の目標に向け、車をレンタルできるお店を探すだけです。ネットで検索してみると、自宅から車で20分程度の距離に最新車種をレンタルできるお店が！　しかも、この車種をレンタルできるのは全国でここだけ。思わずガッツポーズしてしまいました。下見ができるというのでさっそく見に行き、その場で予約。目標にしていた1年後、無事「キャンピングカーでの4泊5日東京ディズニーランドへの旅」が実現しました。キャンピングカーのメリット・デメリットも充分に体感でき、そこから20年後に向けた課題も明確になったのです。

私の夢はまだまだ発展途上。でもそれは、ぼんやりした夢物語だった頃よりも、確実に具体的で現実的な将来になりつつあります。

あなたの、そして、一緒に暮らす人の10年後の夢を考えてみませんか？

5年後の家の間取り、描けますか？

今度は夫の番です。

「家のひと部屋を貸し出して、外国人向けに民泊をやりたいんだけど」

私は正直、度肝を抜かれました（笑）。以前の私であれば、「そんな大それたことじゃなくて、ジム通いや英語の習得に投資したら？」と言っていたかもしれません。しかし、夫が「人に何かを教えること」という価値を大事にしていることがわかっていたので、「外国人に日本の良さを伝えたい」「泊めた学生に、日本についての考えを聞いてみたい」という話も、よく考えれば筋が通っていて、うんうん、なるほどね、と共感できたのです。

また、私の実家は常に両親の友人知人が集う家でした。「人が集まる家は栄える」という教えで育ったこともあり、「民泊」提案がとても楽しそうに感じられるようになりました。

「民泊だったら10年後じゃなくてもっと近い将来、5年後に設定してみよう」

我が家は3ＬＤＫ。リビングダイニング・和室・夫婦の寝室、そして最後に「いつかの子ども部屋」です。とはいえ、現状は荷物置き。ここを民泊用に貸し出せないかと、5歳の長男・2歳の次男に聞いてみました。

そうすると、子どもたちは「誰かが泊まりに来てくれるのは大歓迎！」「子ども部屋はリビング横の和室がいい。洋室はお客さんに譲るよ」と言うではありませんか。

そこで、民泊に合わせた5年後の間取りを家族で考えました。今は何にも使っていない部屋ですから、最初夫は「5年後に考えればいいんじゃないの」と言っていました。そこで、5年間のこの部屋の価値を家賃換算してみることにしたのです。

総務省統計局によれば、1畳あたりの日本の家賃平均は3千円／月。6畳なので3千×6＝1万8千円。これを5年間、つまり5×12×1万8千とすると、なんと108万円。

このまま5年後まで物置にしていたら、108万円の物置代になるのだけど……と説明すると、「えー、活用しないともったいない！」という話になったのです。

5年後を見据えて、それぞれの部屋をどう使う？

そこから、どんな部屋として活用するかをあれこれ考えた結果、ふだんはTVルームとして使い、いざという時に客人を泊められる部屋にしました。

TVを見たい時はTVルームに行き、見終わったらリビングに戻ってくる。これにより、TVの「ながら見」がなくなり、結果的にTVを見る時間が大幅に減りました。そのぶん集中して見るので、スパっとやめても満足できます。

繰り返しますが、一番もったいないスペースは「いつかの子ども部屋」。子ども専用の部屋は、小学生の高学年に入ってからで充分だと私たちは考えています。

私のところに、新築の間取りを持って「この収納で足りますか？」と相談に来られる新婚ご夫婦もいらっしゃいます。

「2階の2つの洋室が空いているのは、将来のお子さんを見越して、ということですよね。でも、実際に使うのは5年以上先だと思います。それまでにこの空間をどう活用したいか、一緒に考えてみましょう」

そうして、実際に間取りを変更された方もいれば、夫婦の筋トレルームにされた方もいらっしゃいます。

ぜひ、皆さんも「今の各部屋を今日から5年間どう使うか」を考えてみてください。その時、家族へのヒアリングも忘れないようにしてほしいのです。思いがけず、本当はやってみたかった自宅サロンなどを開くきっかけになるかもしれません。

昨日の24時間を、1時間単位で思い出してみよう

私が働いていたアイシンAWでは、出社から退社までの仕事内容と業務工数を知るために、1時間単位で何をしていたのかを毎日書き出していました。

当たり前ですが、会社員が評価されるためには、組織の目標にどれだけ貢献しているかが大切。そこで、1時間単位で業務を振り返ることで、どれだけ重要な仕事に時間をかけているかが分かり、業務内容を抜け・漏れ・遅れなくカイゼンすることができたのです。

例えば、「会議室の予約」「議事録の作成」「メールの返信」の時間はなるべく短縮し、「業務改善」「作業の標準化」「新しいカーナビの企画」の時間を増やしていくことで、業務の成果を上げやすくします。誰がやってもできる仕事は減らし、自分にしかできない仕事を増やすというわけです。

また、そこでは常に「1時間」という時間の区切りを大切にしていました。例えば作成している資料が1時間継続してみて進まなかったら、一度そこから離れて他の仕事をする。そうすることで、改めて資料作成の際に突破口が見つかることが多くありました。

家事を頑張るだけじゃ、家族は巻き込めない

私はアイシンAWを退社してからも、1時間単位の書き出しグセが抜けず、手帳にやったことをメモする生活を続けていました。

メモを続けてみて気づいたのが、「家事は雑務のカタマリ」であるということ。洗濯物をたたむ・ゴミを捨てるなどの家事は、ある意味誰でもできる仕事です。「私にしかできない家事」とは、例えば、子どもが喜ぶキャラ弁を作ってあげたり（私は苦手ですが）、家族の使いやすさを考えたリビングの模様替えなどです。

主婦業だけに忙殺されないように、自分の時間を確保することは大切。特技を生かした地域ボランティアなどが考えられます。将来の目標に向けた英語や資格の勉強、筋トレなども当てはまりますね。

誰でもできる洗濯やゴミ捨てなどの家事をいかに早く終わらせ、自分磨きのための時間を確保できるか。これにより、将来の自分や家族の目標に近づくことができ、「最近、頑張ってるね〜」と家族からの評価もアップして一石二鳥です。

そんなわけで、私はこの1時間単位での自分の行動確認を、私が主催する自宅講座での

ワークに取り入れています。

講座の中でのやりとりは、こんな感じです。

私　昨日の24時間の行動を、1時間単位で書き出してみましょう。

お客様　えーっ、昨日の晩ご飯さえまともに思い出せないのに、そんなの無理です……

私　ですよね。では、わかっている時間だけでいいので書いてみましょうか。

お客様　分かりました。頑張ってみます……。

私　この空欄の1時間、何をしていたか思い出せませんか？

お客様　うーん、なんとなくTVを見ていたか、スマホを触っていたか……。

実際に1時間単位で何をしたかを書いてもらうと、埋まらない時間の多いこと！　そして、必死で記憶をたぐり寄せて出た答えが「ボーっとTVを見ていました」とか「スマホを触っていました」。1日に1時間程度であれば問題ありませんが、何時間もそうやっていては、家族に貢献できていないし、自分のためにもなっていない気がしませんか。当然、家族を片づけに巻き込むこともできませんよね。

ぜひ、あなたも昨日の1日を1時間単位で書き出すことをやってみてください。自分がいかに時間を浪費して、それでいて家族にほめられないことに文句を言っているのかがわかると思います。「自分にしかできないこと」を常に意識するようにしましょう。

5年後の自分のファッションを明確にして、クローゼットと向き合う

私の自宅講座の中で一番人気なのが「自宅収納ツアー」。私たち夫婦のクローゼットの中身をじっくり見てもらう時間です。クローゼットを見た皆さんの第一声は、決まって次のような言葉です。

「うそ！ これで全部ですか？」（107ページ参照）

ご覧いただくクローゼットは、私だけのクローゼットではありません。私は右半分だけで、左半分は夫の衣類。インナーやコートも含めて、これだけで2人のオールシーズンなのです。そのことをお伝えすると、もう一度ビックリされます。

20代の頃、自分が着たい服についてじっくり考えてみたことがあります。

社会人になってからというもの、平日は働きづめ。会社では制服だったため、プライベートで服を着るのが土日だけになったことがきっかけです。

計算してみると、ワンシーズン、つまり3か月で24日しか着る機会がない！ そこに今年だけのトレンドを求めるのはもったいない、という気持ちが湧いてきたのです。

- **トレンドに左右されない服って何だろう？**
- **長い間着られる服ってどんな服？**
- **私に似合う色味って？**
- **着ていて気分がいい服ってどんな服？**
- **今持っている服で気に入っている服は、どの部分が気に入っているんだろう？**

そんなことを考えるようになりました。

その時に生まれた価値観が、今の私のクローゼットのすべて。あの時にちゃんと考えておいてよかったと思っています。

しかし、当時はまだ社会人1年生。クローゼットの服をすべて取り換えるのは金銭的に難しい。なので長期戦でいこうと考え、「これから買う服」に4つの基準を定めました。

著者の服選びに対する価値観

- **スタンダードな服だけを持つ**……トレンドを意識する時間がない
- **インナーはすべてワンピースにする**……上下のコーディネートを考える手間が省ける
- **3シーズン（春・夏・秋＋秋・冬・春）着回せる素材を選ぶ**……気に入った服を長く着たい
- **色は白・紺・グレーの3色しか買わない**……パーソナルカラー診断の結果を信じる

それから15年以上たっていますが、基本はその頃と変わっていません。どの服を手に取っても気分がよく、どの服もお気に入り。気に入りすぎて、同じ服を2日連続で着ることもありますが、まったく気になりません。毎回ピシッとアイロンをかけるのも、数を厳選しているからこそできることです。

- **また着たくなる（いつ着てもテンションが上がる）**
- **何度も着られる状態をキープする**

それが私の考える「服を大切にする」こと。そしてワンシーズンに1着程度を購入し、それまでの1着と交換するようにしています。

理想のリビングは、家族全員の価値観の共有から生まれる

私に片づけを依頼される方で、片づけたい場所の第1位はダントツで「リビング」です。

しかし、リビングは正直、片づけ難易度が高め。なぜなら、リビングは家族全員のスペース。一緒に暮らす人にも合意を得る必要があるからです。面倒だからとそのステップを飛ばしてしまうと、家族から冷たい視線を浴びること間違いなし。

「おいおい、あいつなんかやりだしたよ……」

「ちょっと、勝手に人のモノに触らないでよ！」

などなど、協力どころか「面倒なヤツ」よばわりされてしまうのが関の山です。

なので私は、リビングを片づけるにあたり、徹底的に家族にヒアリングしました。

「どんなリビングだと嬉しい？」

「キレイになったリビングで何をしたい？」

夫婦共通のニーズ

- リビングで家にいるときの8割くらいを過ごしたい
- TVではなく、なるべく会話を楽しみたい
- 夜はお酒を飲みたくなるような、ムーディな雰囲気がほしい

■夫のニーズ

- 男っぽいインテリアで、くつろげるコーナーがあると嬉しい

■私のニーズ

- 週に3日は人が来てくれるリビングにしたい
- 大きめの植栽を飾りたい

それらのニーズをすべて叶えるために、リビングに必要なモノを増やし、不必要なモノはほかの部屋へ移動させたのです。

「リビングから片づけたい」という気持ち、よくわかります。でも、1人で頑張って片づけていても、家族はなかなか協力してくれないもの。「みんなが望むリビングを作りたいんだけど、協力してくれないかな?」というスタンスで話しかければ、きっと振り向いてもらえますよ。

COLUMN

香村式・コストコマストバイ

＊シードレスグレープ

コストコへは月イチで行くのですが、これは毎回2箱買います。ブドウの実を重曹でよく洗ったら、ジップロックに入れて冷凍庫へ。太りやすいアイスの代わりに食べています。皮ごと食べられるので栄養もあり、お弁当に凍ったまま入れれば保冷剤代わりに。とても重宝しています。

＊オキシクリーン

オキシクリーンを60°Cのお湯で泡立たせ、汚れを落としたいモノを20分以上漬けておく「オキシ漬け」。つい先日も、15年間放置していたキッチンの換気扇をオキシ漬けしたところ、新品のようにピカピカに。以前、数か月間コストコからオキシクリーンが消えた時は、さすがの私も気をもみました。パッケージのカラフルさがミニマリスト的に気になるので（笑）、ジップロックに小分けにしています。

＊バウンティ キッチンペーパー

3週間に1本消費する我が家のキッチンペーパー。最近は優秀なキッチンダスターがたくさん発売されているので、私もそちらに乗り換えようかと思いましたが、結局ダスターを使ったところで、キッチンペーパーは必要。ならば、ダスターとしても使えるキッチンペーパーがいいと考えました。ストック場所が必要なので、いつもぎりぎりまで買わないようにしています。

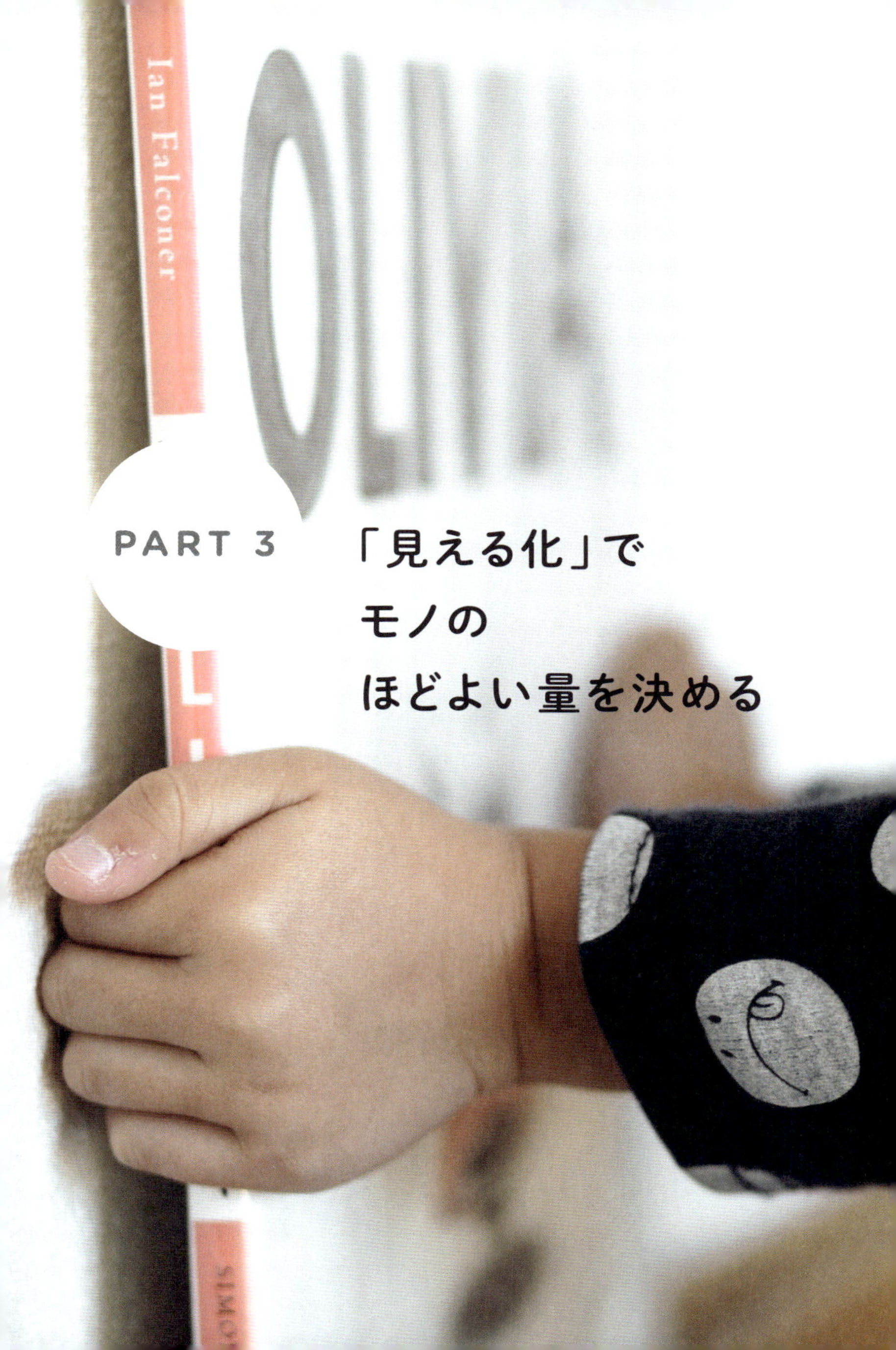

PART 3 「見える化」でモノのほどよい量を決める

リバウンドするのは「ほどよい量（適正量）」を決めていないから

トヨタグループの製造現場では、必要な時に必要なだけ使うために、モノが効率よく整理整頓されています。これは、モノの「見える化」が徹底されているためです。

「見える化」とは、簡単にいうと「関係者が状況を一瞬で把握できるようにする」こと。製造工場に限らず、技術、事務、販売などあらゆる職場で実施されています。

では、これを家の中に当てはめた時に、はたしてどのように見えるのでしょうか？

次のチェックシートで、「家の中の見える化度」をチェックしてみましょう。

Aが多い人……「現実を見て見ぬふり」タイプ

「現状の見える化」ができていない人です、

部屋の中がモノでいっぱいです。それでも「足りないんじゃ……」と不安でたくさん買ってしまう傾向にあります。家には同じモノがちらほら。毎日使うモノの適正量を見直しましょう。

＊「家の中の見える化度」タイプ診断＊

A
- クレジットカードを何枚持っているかわからない
- ティッシュのストックが何箱あるかわからない
- タオルを毎日何枚使っているのか知らない
- 壊れて使えない電化製品がある
- もう何年も家に人を招いていない
- 玄関や階段に荷物が置きっぱなしになっている
- ショップバッグ（お店の紙袋）が家にたくさんある

B
- 人前で押し入れ（クローゼット）を開けたくない
- 財布の中はいつもパンパン
- 冷蔵庫の中を人に見られたくない
- パソコンのデスクトップがファイルで埋まっている
- フルーツ専用の器など、「○○専用」がたくさんある
- 前日から家中を片づけないと来客を迎えられない
- 実家に自分のモノを置いたままになっている

C
- 賞味期限が切れている食材がある
- 期限を過ぎたクーポンが財布に入っている
- 買ったけど読んでいない本がある
- 「2つ買うと20%OFF」という言葉に弱い
- TVショッピングが好き
- ランキング1位と言われると、必要でなくてもつい買ってしまう
- どうせ使うから、とまとめ買いしてしまう

D
- 常備薬を見つけるのに5分以上かかる
- マイナンバーを聞かれてもすぐに調べられない
- 今日着ていく服を決めるのに10分以上かかる
- クリスマスなどのイベントにお金をかける
- 他のことに気を取られて鍋を焦がしてしまうことがよくある
- 興味があることに次から次へ手を出し、それらのモノが家中にある
- 複数の家事を並行して進めるのが苦手

■Bが多い人……「隠れグチャグチャ」タイプ

「見せたくないモノの見える化」ができていない人です。

このタイプの人は、見えているところはスッキリしているのですが、見えない部分はノータッチ。引き出しや押し入れにモノがギュウギュウに詰まっています。ふだんも部屋が荒れやすく、来客があると慌てて大掃除をするので、それに疲れてしまう方が多いのです。季節モノや、○○にしか使えないモノの適正量を見直しましょう。

■Cが多い人……「使わないけど買わずにいられない」タイプ

「鮮度の見える化」ができていない人です。

このタイプの人は「限定品」「お買い得」という言葉に弱く、ついつい買ってしまうのですが、そのスペースを確保できていないことが多いためにモノがあふれてしまいがちです。収納スペースに入る適正量を把握しましょう。

■Dが多い人……「毎日がバタバタ」タイプ

「シンプルにするための見える化」ができていない人です。

トヨタグループの「見える化」

データによる問題の早期発見

おうち片づけにおける「見える化」

❶全部出す → ❷並べて数える → ❸ほどよい量を決める

モノのほどよい量を決める

このタイプの人は、毎日がとにかくバタバタしています。「あっという間に1日が終わる」が口グセ。「これはこうすべき」という思い込みが強く、たとえそれが正しくても現状に適していないため、結局消化できずにストレスになってしまうことが多いのです。つまり、片づけのしくみ化と、モノの適正量が合っていないということ。どちらかを見直す必要があります。

さて、あなたはどのタイプに当てはまりましたか？「全部！」という方もいらっしゃるかもしれませんね。

私はこの「見える化」を家の片づけに取り入れる時に「モノの適正量」に注目しました。今までは、すべてのモノをひとつずつ手に取り、順番に「好きか嫌いか」「必要か不要か」といった判断基準で分けることが多かったのではないでしょうか？しかし、これだと、「いったん片づいた！」という解放感でついまた買ってしまい、気づくと再びモノであふれた空間にリバウンドしてしまいます。

私は小さい頃からモノを厳選して暮らしていたので、モノの適正量に敏感でした。持っているモノの数には、必ず理由があることを知っていたのです。

そして、私のお客様に「モノの適正量を決めましょう」とお伝えすると、ほとんどのお客様の「片づけスイッチ」がONになることを体感しました。自分（家族）の数値が決まれば、手を動かしやすくなるのです。

ひとつ買ったらひとつ捨てる、では永久に片づかない

当たり前ですが、モノは家の中に勝手にやってくるわけではありません。誰かが持ち込んでいるのです。ダイエットに例えれば、食べていないのに体重がリバウンドすることはないのと同じ。もちろん、自分の意志で食べているのです。片づけのリバウンドも原因は同じ。結局は「買いすぎ」なのです。

買いモノが趣味という方。買う前に、家からモノを出す作業をしていますか？「ひとつ買ったらひとつ捨てる」では自分に甘くなり、結局捨てられません。ぜひ「ひとつ捨ててから、ひとつ買う」を実践してみてください。買い忘れても生活に支障がないことに気づいて、結局買わないですむ、ということに気づくと思います。

「買いモノ好き」は暮らしを変えたい願望の表れ

買いモノが好きという方、自分がどうして買いモノが好きなのか、きちんと考えたことはありますか？　実は服ばかり買っているなど、ジャンルに偏りがあるケースがほとんどです。特定のジャンルのモノを買うことで「何か（うまくいかない）状況が変わるはず」という思いが購買意欲を増長させているケースがあります。

私は基本的に買いませんが、楽天のタイムセールをのぞく時は、キッチンジャンルを集中的に見てしまいます。それは、私自身が料理に対して苦手意識を持っているからだと思います。

コレがあれば、苦手な料理が楽しくなるのでは？
コレを使えば、料理がもっと美味しくなるのでは？

と、無意識のうちに探しているのです。自分自身が腕を磨くことなくモノに頼るのは簡単ですが、モノが増えることで作業スペースが狭くなり、洗い物が増えます。これでは本末転倒ですね。そこで私がいつもやっているのが、**「すべてのモノを並べ、自分にとって**

のほどよい数（適正量）を決める」というやり方です。

タオルの枚数は、モノの管理力のバロメーター

あなたは、自分がタオルを何枚持っているか、すぐに答えられますか？　そしてそれは、あなたにとって本当に適正な量でしょうか？

この問いに自信を持って答えられる人は少ないはず。逆にいうと、ほとんどの方が片づけてもリバウンドしてしまう可能性があるということ。片づけに時間を費やしたり、大金を払って代行してもらう前に、必要なモノの「適正量」を決めるのが先決です。

ほどよい量を決めるのはあなたの価値観

適正量の決め方はいたって簡単。次の3ステップです。

ステップ❶　ひとまずモノを全部出す

まず、量を決めたいモノを1か所に集めます。こうすることで、自分の脳にモノの多さ

をしっかり認識させます。ほとんどの人はこの量の多さを見て「やっぱり、なんとかしないとヤバい」という気になりますが、どこかに隠れてしまうと、「臭いモノにはフタ」にしてしまいがち。モノの全貌が見えた時が、ほどよい量を決めるチャンスです。

ステップ❷ コンセプトで分けて数える

次に、1か所にまとめたモノを、季節のモノや使う人、使う目的などで分けていきます。分け方が思いつかない場合、服であれば、着るシーズンや仕事・プライベートで分けてみてください。こうすることで、どんなシーンでどんなモノが使われているか、使われていないかを、目で見て、手で触れて実感できます。

ステップ❸ ほどよい量を決める

最後に、「見える化」を行い、あなたにとって何がどれだけ必要かを考えます。

適正量を感情で決めることは難しいので、日本では現在4人家族よりも多い核家族（両親＋子ども1人）の適正量を元にお話ししていきます。

ただし、最終的にはあなたの価値観で決めてください。適正量がなかなか決まらない場合は焦らず、もう一度自分（と家族）の価値観を振り返ってみてください。どんな生活を送りたいのか？ 大切にしたいものは何か？ それらが具体化すれば、何がどれだけ必要かが必ず見えてきます。まずは、冷蔵庫から始めましょう。

［冷蔵庫編（食材）］

ステップ❶ 全部出す

はじめに、冷蔵庫に入っているモノをすべて出します。

ステップ❷ 並べる・数える

冷蔵庫に入っているモノは基本的に食べ物。出しながら「賞味期限・消費期限のボーダーラインを超えているかどうか」を基準として分けてみましょう。

ボーダーラインをクリアしたモノについては、自分の価値観に沿って分けていきます。

あなたは、「食事を作る」ことについて、どんな価値観を持っていますか？

- **子どものおやつは手作りしたい**
- **子どもやパートナーへのお弁当を作り続けることが愛情の証**

・一汁三菜、栄養を意識した食事が大切
・朝ごはんは必ず家族みんなで食べる

というように、さまざまな価値感をお持ちのことと思います。その場合は、

・子どものおやつは手作りしたい　↓　おやつセット置き場
・お弁当を作り続けることが愛情の証　↓　お弁当セット置き場
・一汁三菜、栄養を意識した食事が大切　↓　常備菜置き場
・朝ごはんは必ず家族そろって食べる　↓　朝食セット置き場

というカテゴリで分けて並べるようにしましょう。一方で、

・お腹が満たされればメニューにはこだわらない
・お菓子が大好き
・夜はお酒を飲むので、おつまみだけでいい

といった価値観の方もいると思います。その場合は、

- **食事はおなかが満たされれば内容にはこだわらない　↓　インスタント食品置き場**
- **お菓子が大好き　↓　お菓子置き場**
- **夜はお酒を飲むので、おつまみだけでいい　↓　ビールとおつまみ置き場**

といった具合です。

これらを参考に、自分（と家族）にとって必要なカテゴリに分けていきましょう。

参考までに、香村家のカテゴリをご紹介します。我が家は冷蔵室を7つ、冷凍室を5つのカテゴリに分けています。

【冷蔵室】

❶乾物（昆布やひじき、パスタなど）
❷ドリンク類（お茶パック、紅茶のティーパック、コーヒーフレッシュ、角砂糖）
❸お菓子（飴やラムネ、小分けになったお菓子、お土産でもらったクッキーなど）
❹ご飯のお供（海苔、ふりかけ、梅干し、納豆）

❺朝食セット（ヨーグルト、バター、ジャム、チーズ）
❻スパイス類（わさびやからしのチューブ、バジルやローリエなど）
❼その他（どこにも行き場のないもの）
粉類（小麦粉や片栗粉、砂糖・塩など）と今飲んでいるドリンク……右ポケット
調味料……左ポケット

【冷凍室】
❶肉
❷魚
❸パン
❹野菜
❺その他

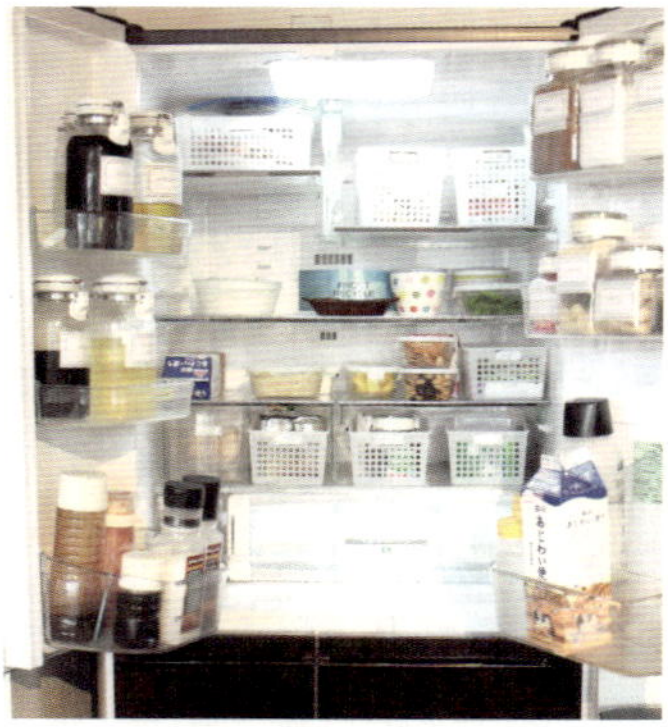
ケースは、中身が見えるようにメッシュ形状か透明のものを使っています。

ステップ❸ ほどよい量を決める

次に、適正量を決めていきます。
冷蔵庫に関しては簡単。「毎日どれだけ食品

を捨てているか」を考えればいいのです。前回の買い物から次に買い物に行くまでの期間で、廃棄したモノが金額に換算してざっといくらになるか？　を計算してみましょう。

消費者庁の調査によると、家庭において「まだ食べられるのに廃棄される食品」は、国民一人当たり毎日お茶碗1杯分もあるそうです。仮に、お茶碗1杯のごはんを廃棄すると、1杯あたり約32円に相当します。1か月だと９６０円。３人家族だと1か月２８８０円です。これに、カビが生えたりしてもう食べられないものも加えると、毎日どれだけ廃棄しているることになるのでしょう。

私の場合、恥ずかしながら適正量を意識する前は、廃棄量が今の2倍ほどありました。今は、冷蔵庫のモノを使わずに捨てることはまずありません。大人が食事を残すこともほとんどありません。

ただ、子どもが食べると思っていた量を食べなかったというケースがあり、毎日家族5人でお茶碗1杯分ほどロスが出ています。作る量や盛りつける量に気をつけて、少しずつ適正量を見極めていきたいところです。

冷蔵庫収納の視点から、ほどよい量を考える

電気代の面から見ると、冷蔵庫の冷蔵室は食品が6〜7割入っている状態がベスト。冷凍室は、なるべくギッシリ入っている方が保冷効果が高くなります。

お客様と一緒に冷蔵庫を片づけていていつも驚くのが、冷蔵庫を購入した時の棚の高さをそのまま使っている方の多さ。冷凍室なんてほぼ100%です。

深い引き出しの上に、薄い引き出し、そしてさらにその上にさらに薄いトレイ！と、3段重ねだったりします。そのせいで一番下の深い引き出しに、立てた状態でモノを入れることができないのです。

冷凍室は奥まで見渡せることが多いので、とにかく立てて収納したいもの。自分が入れたいモノを立てられないのであれば、この3段重ねのトレイについてはぜひ一度取り払ってみて、使いやすさがUPするかどうか確認してもらいたいです。

冷蔵室においては、1週間で1回リセットする（食べものを1食分まで減らす）ようにしてみてください。そうすることで拭き掃除も格段とラクになりますし、私自身これを意識するだけでうまく食材を回せるようになってきました。

冷蔵庫は、住む人みんなが目にする場所。片づいたことに気づいてもらいやすいです。そして、中に入っているモノを把握できるようになれば、二度買いをすることも減るため節約になりますし、探す・取り出す・元に戻す時間も短縮できます。

1～2時間で終わる割には効果が高いので、ぜひ最初に取り掛かってほしいエリアです。

[玄関編（靴）] 全部で10足より多い？ 少ない？

ステップ❶ 全部出す

まず、今ある靴を全部出します。

ステップ❷ 並べる・数える

出しながら、「夏物」「冬物」「その他」の3種類に分けて一面に並べます。その状態で、すべての靴の数を数えてみましょう。10足より多いですか？ 少ないですか？

30足以上あるという方、かなりの靴をお持ちです。このタイプの人は、

「自分はどうして靴をよく買うんだろう」

「靴を買うことで、どうなりたいんだろう」

「履いていない靴の理由」を「なぜなぜ分析」してみましょう。

例えば「靴の数は自分の地位の証」だと分析したなら、靴箱は海外ドラマ「SEX AND THE CITY」のウォークインクローゼットのように、開けた時にテンションが上がる「魅せる収納」にしたいですよね。

そうすると、箱に入ったままの現状は、あなたの理想と異なってきます。「その靴を飾りたいほど好きか」という基準で要不要を判断しましょう。

■ステップ❸ ほどよい量を決める

では、自分自身がどんな靴を持っているのかをチェックしてみましょう。

夏
- ■ビーチサンダル　■足
- ■スニーカー　■足
- ■プライベート　■足

冬
- ■ブーツ　■足
- ■スニーカー　■足
- ■プライベート　■足

その他
- ■通勤靴　■足
- ■冠婚葬祭用　■足
- ■その他　■足

この1年で履いた靴が何足あるかを数えてみると、靴の所有数に関係なく10足前後ではないでしょうか？　さらに絞って、この1か月で履いた靴を数えると、実は4〜5足程度だったりします。

靴箱収納の視点から、ほどよい量を考える

そもそも、靴箱に靴が何足入りますか？　靴箱の大きさや靴のサイズはさまざまなので断定はできませんが、私の経験上、だいたい一人あたり10足程度入るケースが多いです。3人世帯であれば、30足ですね。

特に思い入れがなく、手放すタイミングを失っていただけ、ということであれば、思い切って10足前後の「1軍」に広々と靴箱を使わせてあげてはどうでしょう。収納的に見ても出しやすく戻しやすい。日々のプチストレスも軽くなります。

そこで、私の経験値から一人あたりの標準適正量として設定したのがこちらの数です。

【めざせ！ 12足】

夏

ビーチサンダル　1足
スニーカー　1足
プライベート　2足
ブーツ　1足

冬

スニーカー　1足
プライベート　2足

その他

通勤靴　2足
冠婚葬祭用　1足
その他　1足

この時、ライフスタイルに合わせて、主婦の方なら「通勤用はいらないけど、家事用につっかけを1足」とか、営業職の方は「プライベートを減らして通勤シューズを4足にする」などして調整してみましょう。

ちなみに、私は計7足です。プライベートの2足は、各シーズンが終わったら手放しています。

【著者の靴の数】

夏	ビーチサンダル	1足
	スニーカー	1足
	プライベート	2足（冬は0足）
冬	ブーツ	1足
	スニーカー	0足
	プライベート	2足（夏は0足）
その他	通勤用	0足
	冠婚葬祭用	0足
	その他	2足

すでに手放した、2016年夏用プライベート2足。

現在持っている7足。今年は冠婚葬祭兼用の靴を購入予定。

えっ！　そんなに減らせない……と思った方は、次のように考えてみてください。

価値観を決めて買えば、モノはむやみに増えたりしない

私が会社勤めを始めた15年ほど前は、靴は百貨店で買うのがトレンドでした。値段も決

して安くはなく、一度買うと2シーズンは履いたものです。

ところが、ここ数年はアパレルショップ、特に「ファストファッション」と呼ばれるブランドで購入するケースが明らかに増えました。安いのにトレンドも押さえてあるということで、今まで以上に気軽に買えるようになったわけです。

しかし、だからといってほしいままに購入していては靴が増えていく一方。結局履く人間は1人ですから、週に1回しか履かない靴はなかなか捨てられる状態にはなりません。

買う時は「1年限りで履き潰そう」と思っていても、実際にシーズンが終わるころにまだキレイな状態にある靴を「よし、手放すか」とはなかなか思えないのが人情です。

そこで、靴を購入するときの価値観（基準）を決めておくことをおすすめします。

参考までに、私の価値観はこちらです。

・各シーズン、プライベートの2足（ヒールあり／なし）でまわす
・プライベートの靴は夏が終わったら手放し、冬が始まったら買い足す

「高級な靴を買い、手入れして長く使う」ということも試してみましたが、しっくりきませんでした。服の趣味がスタンダードなので、靴だけはトレンド重視でいきたいのです。

もうひとつ、「気に入っているけどサイズが合わない靴」はありませんか？　履いていると痛くなるからと、しまったままのヒール。でも高かったし、キレイだし……。

そんな場合は、「修理に出してでも履きたいかどうか」をひとつの判断基準にするのも手です。私は実際に千〜2千円で0・5㎝サイズアップしてもらったことがあります。

逆にいうと「修理に出してまで履くのはちょっと……」という場合は、その靴はあなたにとって2千円の価値がないということ。手放すことをおすすめします。

あなたの価値観がその時々のライフスタイルによって変わるように、「自分にとってほどよい量」と「靴を買う基準」も少しずつ変わっていくでしょう。しかし、その都度価値観を元に適正量を決めていれば、靴箱がリバウンドすることは決してありません。

【クローゼット編①（服）】

ステップ❶　全部出す

こちらも、まずはすべての服を出して並べてみるところから始めましょう。

ステップ❷　並べて数える

私がお伺いしたお宅で、最高300着という方がいらっしゃいましたが、値札がついたままの服がたくさんありました。同じような素材、デザイン、色のカーディガンだけでも10着ありました。明らかに、今持っている服を把握しきれていないのです。

ステップ❸　ほどよい量を決める

そこで、服に関しては、めざせ計100着！　を掲げています。

理由はシンプル。「それ以上は覚えていられないから」。これも靴と同様、アパレル関係のお仕事をしているなど、仕事上、衣装が必要な方はこの限りではありません。

服の数は「1週間」のくくりで整えるとうまくいく

100着をめざすといっても、ピンと来ない方は多いと思います。そこで、「1週間」というくくりで考えてみましょう。

【1週間に必要なトップスとボトムス】
・トップス……7着
・ボトムス……7着

ワンシーズンを90日で考えると、上下の組み合わせだけで7×7＝49通り。つまり、上下同じファッションはたった2回、という計算です。仮に1週間に1度同じ服を着るとした場合、その服を着るのはシーズンあたり12〜13回という計算になります。

【めざせ100着！大人服の内訳】
- トップス……7着×4シーズン＝28着
- ボトムス……7着×4シーズン＝28着
- アウター……5着×4シーズン＝20着
- スポーツ……2着×3シーズン（春と秋は兼用）＝6着
- パジャマ……2着×3シーズン（春と秋は兼用）＝6着
- 冠婚葬祭用……6着

これで94着です。

女性は冠婚葬祭用として、着物やドレス、式典用のスーツなどTPOに合わせた服が必要になるため6着としています。一方、男性の場合は2～3着程度が目安です。

服に関しては、お仕事で制服があるかどうかなどによって持っている服の数が変わってきますから、ぜひこの表をベースにご自身の「適正数」を割り出してみてください。

私は先にもお話ししたとおり、持っている服のほとんどがワンピースです。


【著者の1週間】

ワンピース……5着　スーツ……1着
インナー……2着　スポーツ……1着
アウター……1着　ナイトウェア……1着

計11着。

今持っている服の総数は38着です。少ないと思われるかもしれませんが、すべて自分のお気に入りで、お蔵入りの服はありません。どの服を着てもテンションが上がるため、特にこれ以上ほしいと思わないのです。

私の服に関する価値観はPART2でお話しさせていただきましたが、インナーだけは年に2回買い替えるようにしています。夏はキャミソール、冬はユニクロのヒートテック。それぞれ2枚を季節の終わりに手放し、季節の初めに買い足します。

毎シーズン、新品を素肌に着るのは気持ちがいいものです。2枚だと洗濯が間に合わないという方は、3枚でもかまいません。ぜひ試してみてください。

続いて、子ども服へ。「めざせ！60着」です。

【めざせ！60着　子ども服の内訳】

トップス（5着×4シーズン）……20着
ボトムス（5着×4シーズン）……20着
スポーツ……2着
アウター（2着×3シーズン・春秋は兼用）……6着
甚平・浴衣・水着……2着
パジャマ（2着×3シーズン・春秋は兼用）……6着
冠婚葬祭用……1着

これで57着。ただし、女の子の場合はボトムスがパンツとスカート両方必要なため、プラス3着まではＯＫ。そうすると、計60着になります。

子ども自身に服を選ばせたい場合、例えば3歳児が自分で選べるのは普通、トップス・ボトムスそれぞれ5着以下です。服を汚しやすい時期や、子どもの預け先に1セット置いておく必要があったりしますが、それでも上下5セットあれば充分。それだと不安だという場合は、これにあと何セット足せば大丈夫かを考えてみてください。

今週着る服だけをハンガーに掛ける

服の数を100着に絞ったからといって、クローゼットが満杯になってしまっては意味がありません。クローゼット内収納の観点から、適正量を見ていきましょう。

基本的に、今週着る服は取り出しやすく戻しやすいように、ハンガー掛けすることをおすすめします。クローゼットにハンガーが何本掛けられるかを測ってみましょう。

前後の服との距離を3～5㎝保ちながら、何本ハンガーを掛けられますか？

計算式……ポールの長さ÷3（㎝）－1

香村家の例 150（㎝）÷5（㎝）－1＝29（本）

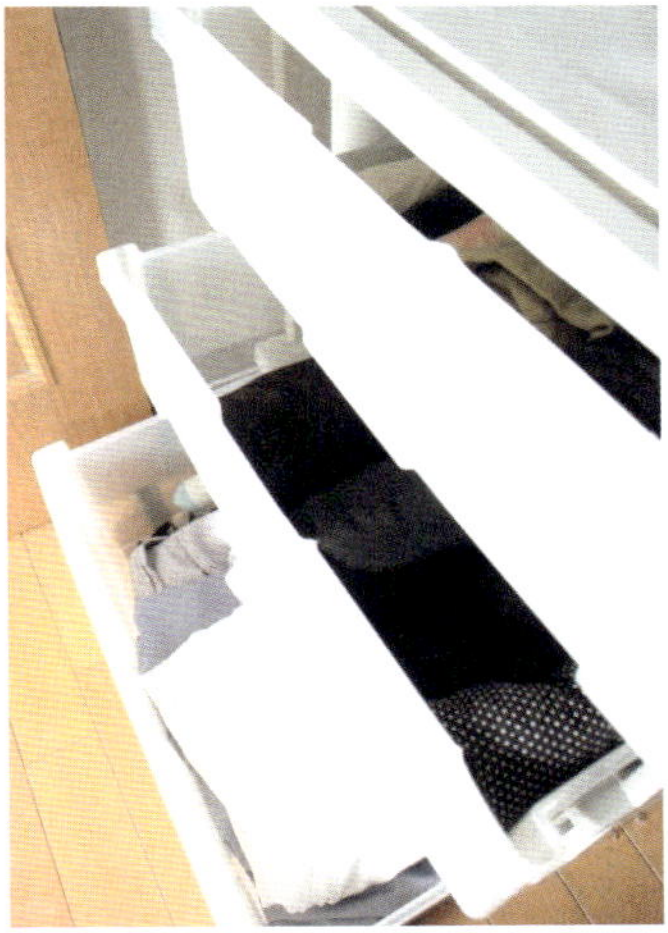

白キャビネットの最下段には、これからアイロンをかける衣類を収納。

夫婦のオールシーズンの服を収納。左半分が夫、右半分が妻。

こうして、まずハンガーの数を固定します。そこに、トップス7着・ボトムス7着を掛けてしまいましょう。繰り返しますが、ハンガーに掛ける服はあくまで「今週着る服」。しわになりやすい服や、高い服ではありません。

着終わって洗濯を終えたら、クローゼットの一番左側に掛け直します。今日着る服は、常に一番右のハンガー。そうやってしくみ化することで、毎日迷わずに違う服を着られます。

どうしても着る気が起きない服は、右側にとどまらせます。新しい服を買う時、その服と取り換えるのです。

おしゃれ感を重視した見せ方をしたい方は、服の色別に並べることをおすすめします。

私は白・グレー・紺の3色と決めているので、一番左から白のゾーン・グレーのゾーン・紺色のゾーンと分けています。

重ね着する冬は、ある程度コーディネートした状態でハンガーにかけています。これで客観的に組み合わせの良し悪しを見ることができ、朝からコーディネートに悩むこともないので一石二鳥。女性が毎朝着る服に悩む時間は、だいたい15分といわれています。その時間を短縮するのにちょうどいいのです。

スーツは上質なオーダーメイドの方が結局お得

男性の場合、会社員ですと、どうしてもスーツの数が多くなりますよね。しかし、スーツも平日分の5着必要かというと、そんなことはありません。

通常、毎日違うスーツを着ているかどうかよりも、シワがないかどうか、その人の身体にぴったりフィットしたスーツかどうかの方に目がいくもの。そこで、男性にはぜひオーダーメイドのスーツを2着、購入していただきたいのです。ボトムスの方が傷みやすいので、できればジャケット1着に対してボトムス2着で作ってもらうといいでしょう。

夫の感想ですが、実際に着てみると、動きやすさと、フィット感が全然違うそう。「もうほかのスーツを着たいと思わなくなった」そうです。5着の量販店スーツを買うなら、2着のオーダーメイドスーツをおすすめします。

【めざせ2セット！ 平日5日間着用する人の場合】

- オーダージャケット……1着×2シーズン（夏用・冬用）＝2着
- オーダーボトムス……2着×2シーズン（夏用・冬用）＝4着
- オーダーシャツ……5着

［クローゼット編②（バッグ）］（女性は15個、男性は10個以上は持ちすぎ）

さて、問題はバッグの収納。なぜなら、服は「サイズが合わなくなった」という理由で手放すことがありますが、バッグにはそれがないからです。そして、簡単には壊れたり破れたりしない。つまり手放すきっかけが少ないのです。

私の経験上、女性のバッグの所有数は10個以下のケースが8割。しかし、ほぼ全員が5

個以上を使いこなせていません。その結果だけを見ても、私が「たくさんあるけど使っていないモノの代名詞」と呼ぶ理由がお分かりいただけると思います。だからこそ、「バッグこそ慎重に購入してほしい！」と声を大にして言いたいのです。

■ステップ❶ 全部出す

これらもまずはすべて出すところから始めましょう。

■ステップ❷ 並べる・数える

バッグの場合は、まずは大きさで分けて数えてみます。

- ■特大（スーツケース）……■個
- ■大（スポーツバッグ・旅行用ボストンバッグ）……■個
- ■中（トートバッグ・ショルダーバッグ）……■個
- ■小（ハンドバッグやポーチ）……■個

多いのが「中」と「小」だと思います。それらを、さらにシーン別で分けてみましょう。

中

仕事用トートバッグ…■個
仕事用ショルダーバッグ…■個
プライベート用トートバッグ…■個
プライベート用ショルダーバッグ…■個

小

仕事用ハンドバッグ…■個
プライベート用ハンドバッグ…■個
冠婚葬祭用ハンドバッグ…■個
ポーチ…■個

他にも当てはまるものがあったら、あげてみてください。

ステップ③ ほどよい量を決める

シーンで分ければ、自分が持っているバッグが「何用」が多いかが一目瞭然ですね。私のお客様には、「仕事用」カテゴリのバッグだけ突出して多いケースが目立つのですが、よくわかります。毎日使うバッグだから損はないだろう、と思いがちですよね。

しかし、「こういう服の時にはこっちのバッグの方が似合うと思って……」と言う人ほど、毎日同じバッグで通勤しているもの。ファッションに合わせてバッグを変えるというのは、簡単そうで意外と難しいんです。実際に私もそうですが、バッグに関しては特定の1個～

2個ですませている人が半数以上を占めています。おもな理由は次の2つ。

理由❶　バッグの中身が片づいていない

詰め替えるのが面倒。詰め替えたことで忘れ物が発生するのが怖い

理由❷　バッグ置き場への動線が悪い

家の中のバッグ置き場とクローゼットの間に距離がある。取り換えること自体が面倒

クローゼットにはバッグを置かない

それでは、収納の観点から適正量を見ていきましょう。

あなたは、毎日帰宅後にバッグをどこに置いていますか？
その場所とクローゼットまでの距離は近いですか？
服を着る時に、バッグも合わせてコーディネートしていますか？

ワンルームならいざ知らず、1階にリビング、2階に寝室という戸建てにお住まいの場

合、玄関から一直線にクローゼットへバッグを置きに行くというのは難しいでしょう。

そこで、バッグをリビングの一角もしくは玄関の姿見の近くに置くことを考えてみましょう。そこにはバッグのストックを何個くらい置けそうですか？

このように、「収納からみる適正量」でふだんの使い分け数を決めるのもいいでしょう。


さて、少しずつ自分の「ちょうどいいバッグ数」が見えてきたのではないでしょうか。

それと同時に、持っているバッグの中で、なぜかあまり使わないバッグの理由がはっきりしてきたことでしょう。

- **バッグ自体が重い**
- **出し入れしにくい**
- **入る量が少ない**

自分がバッグを買う時に何に価値を置いているのかを、改めて考えてみましょう。

「でも、高かったし……」という声が聞こえてきそうです。はい、高かったから手放すのは惜しい、というのはよくわかります。

でも、よく考えてください。「値段」を減価償却するには、その値段分以上に使い倒して満足するしかありません。もし、使い倒す気が起こらないのであれば、値段が高いうちにリサイクルなどほかの人の手に移るようにすぐさま行動に移すべきです。そして、今度こそ「値段」というハードルを軽く飛び越えるくらいの満足いく使い方ができるバッグを手に入れてください。

ちなみに、私のバッグの内訳はこんな感じです。

【著者のバッグの内訳】

- 2泊程度の旅行用スーツケース……1個
- 1泊程度のスーツケース…1個
- 仕事用ショルダーバッグ…1個
- プライベート用ショルダーバッグ…1個
- プライベート用ハンドバッグ…1個
- 冠婚葬祭用ハンドバッグ…1個

全部で6つです。

私のバッグに対する価値観は、次の3つ。参考にしてみてください。

・仕事用のショルダーバッグは「とにかく軽く」を重視

6つのバッグ。当分買い換え予定なし。

・プライベート用には「中」を1つ、「小」を1つ。年間通して使える素材を選ぶ
・トレンドに左右されないバッグを選ぶ

【キッチン編（カトラリー・食器）】

テーブルコーディネートが大好き！　とか、日々の自宅での食事をSNSにアップする方でなければ、カトラリーと食器のちょうどいい数も見ておきたいと思います。

ステップ❶　全部出す

こちらも、まずはすべて出すところから始めます。

ステップ❷　並べる・数える

カトラリー／食器に関しては、「ふだん使い」と、来客時など「おもてなし使い」で分けることが大切です。分けたら、全部でいくつあるかをチェックしてみましょう。

□スプーン大……■つ
□スプーン小……■つ
□フォーク大……■つ
□フォーク小……■つ
□ナイフ大……■つ
□箸大人サイズ……■つ
□バターナイフなど……■つ
□大皿……■枚
□中皿（21㎝くらい）……■枚
□小皿（取り皿）……■枚
□大深皿（カレーなど）……■枚
□中深皿（スープなど）……■枚
□小深皿（取り皿）……■枚
□コーヒーカップ……■個
□グラス……■つ
□湯呑み……■つ
□茶碗……■つ
□お椀……■つ

■ステップ❸　ほどよい量を決める

お客様と一緒にカトラリーや食器を片づけていると、「○○専用」がやたらと多いことに気づきます。グラタン専用の器に始まり、アイス専用スプーンや、チーズフォンデュ専用鍋。そんな特殊な食器に限って、家族全員分の数が揃っていなかったりします。

そこで、ステップ2で並べた中で、よく使うモノから順番に手に取っていくといいでしょう。「ふだん使い」のモノとして、一人当たり30個が目標です。

スプーン大……2つ
スプーン小……2つ
フォーク大……2つ
フォーク小……2つ
ナイフ大……1つ
箸大人サイズ……2つ
大皿……2枚
中皿（21cmくらい）……2枚
小皿（取り皿）……2枚
大深皿（カレーなど）……2枚
中深皿（スープなど）……2枚
小深皿（汁物取り皿）……2枚
コーヒーカップ……2個
グラス……2つ
湯呑み……1つ
茶碗……1つ
お椀……1つ

続いて、「おもてなし使い」のカトラリーについて見ていきます。

食器の必要枚数を判断する時に悩むのが、「来客用としてどれくらい持っておけばよいか」ということではないでしょうか。

私がおすすめする判断基準は、「来客が何人を超えたら紙皿にするか」です。

私の場合、お客様が4名まではふだん使いの食器で対応していますが、5名を超える時には、見栄を張らずに100円ショップの紙皿を使っています。

紙皿だと味気ない、という気持ちもなくはないですが、持っている食器で対応できるのは4名分。それ以上は持ちたくない、というのが自分の適正量のボーダーラインです。

来客がそんなにないので分からないという方は、たいていカトラリーや食器は5組単位で販売されていることが多いので、5組あれば充分、と割り切るのも手です。


【めざせ！来客数（5組）来客用カトラリー数】

- スプーン小……来客数（5組）
- フォーク小……来客数（5組）
- 割り箸……5〜10本

来客時にしか使わないと決めている食器は、毎日使うものではないため、わかるようにまとめて引き出しの奥や吊戸棚などに収納するようにし、ふだん使いと混在しないようにしましょう。ちなみに、我が家の適正量は18個です。

【香村家のカトラリー／食器の内訳】
スプーン大……1つ
スプーン小……1つ
フォーク大……1つ
フォーク小……1つ
ナイフ大……1つ
箸大人サイズ……1つ
大皿……1枚
中皿（21㎝くらい）……2枚
小皿（取り皿）……1枚
大深皿（カレーなど）……1枚
中深皿（スープなど）……1枚
小深皿（汁物取り皿）……1枚
コーヒーカップ……1個
グラス……2つ
湯呑み……1つ
茶碗……1つ
お椀……0つ

私のカトラリー／食器に対する価値観は、次のとおりです。

- **すべてを白で統一**
- **料理ごとに「〇〇専用」は持たない**

・大皿はできるだけ持たない（お鍋のままテーブルへ）
・来客用の食器は持たない

【洗面所編①（タオル）】フェイスタオル毎日7枚は使いすぎ

ステップ❶ 全部出す

ステップ❷ 並べる・数える

全部出したら、並べて数えましょう。

ステップ❸ ほどよい量を決める

洗面所で増えがちなモノの代表がタオルですが、タオルは「ちょうどいい数」を調べるのがとても簡単。今日畳んだタオルの枚数を数えてみてください。毎日何気なく使っている枚数が、そのまま「ちょうどいい数」になります。

一日に1人あたり7枚以上を使っているのであれば、「ぜいたくに使いすぎ」の可能性があります。何に何枚使っているのかを見直してみましょう。この時、バスタオル1枚はフェイスタオル2枚とカウントします。

タオルに関しては、ストックの数がやたらと多い方もいます。理由を尋ねると「梅雨で洗濯物が乾きにくい時期に子どもの体調不良が重なると困るから……」。

そんな「最悪の事態」を想定したために洗面エリアが乱れてしまっては、本末転倒だと思いませんか。

【めざせ6枚以下！タオルの数】（家族の人数＋2）×2枚。一人暮らしなら6枚
洗面用タオル……1枚
トイレ用タオル……1枚
お風呂用タオル……2枚

また、粗品の新品タオルがいっぱいあって捨てられない！というケースも多いもの。そんな時は、今使っているタオルをすべて粗品のものに交換してみましょう。

私は、粗品のタオルをもらったら、その日のうちに床磨きに使うと決めています。粗品のタオルは薄くて絞りやすいので、フローリングを拭くのにちょうどいいのです。

いただくタイミングはさまざまですが、「タオルをもらったら床磨きに使う」と決めておくことで、「さて床を磨くか！」とやる気スイッチが入ります。

そんなふうに粗品タオルをすぐに使ってしまうので、ふだん使いのタオルは「今治タオル」か「泉州タオル」を厳選して買うようになりました。とにかくふんわりしていて、吸水性が高く、すぐに乾くものを選んでいます。毎日使うモノだからこそ、自分が気に入っていて使うたびに嬉しくなるモノを厳選しましょう。

我が家では泉州タオル「匠」を愛用。上段がフェイスタオル、下段がバスタオル。

トヨタ式「先入れ先出し」

タオルは、色もサイズも同じものを購入します。購入したらすべての封を開けて三つ折りにし、縦置きで洗面エリアの引き出しに収納します。

洗って畳んだものを左に置き、使う時は右側から取る。そうすることで、タオルが左から右へローテーションするのです。これはトヨタ生産方式でいう「先入れ先出し」と同じ。積んで収納するのではなく、「立てて」収納するのがポイントです。こうして使うことで、すべてのタオルの劣化タイミングが同じになるので、買い替える時期も同じになります。

我が家は5人家族ですが、「毎年3月に6枚買う」と決めています。昨年メインで使っていた6枚は「もしものときの6枚」として、2軍へ降格して奥へ収納。そして、その前の年に2軍になっていた6枚は雑巾にして、新学期に子どもに持たせるようにしています。

〔洗面所編②（下着）〕

下着に関して、私は特別こだわっている方ではありませんが、下着のように肌に直接触れるものこそ、頻繁に取り換えて気持ち良く過ごしたいと思いませんか？

- ステップ❶ 全部出す
- ステップ❷ 並べる・数える
- ステップ❸ ほどよい量を決める

10セット下着を持っていたら、月に3回しか同じ下着を着ない計算です。しかし、それでは1年以上同じ下着を着続けることになります。下着は素材が日々進化しているので、せめて年に2回は買い替えたいものです。

【めざせ5着以下！ 下着の数】

■ 5着以下

あなたが1人暮らしだとしても、できれば週に2回は洗濯したいもの。洗濯の回数が減れば減るほどストックが増え、傷む速度が遅くなります。そうすると、手放すタイミングがわかりづらくなり、モノが増えていく原因になります。

私は、下着を3着で着回しています。3日ごとに同じ下着をつけることになるので、3～4か月に1回を目安に買い替えるようにしています。このことをお話しすると、決まって「旅行の時は？」と聞かれますが、ズバリ旅行のタイミングで買い替えます。旅行には6日分（手放す3日分と新調した3日分）を確保しているので問題ありません。

次に多いのが、「突発的な帰省や出張が入ったらどうするんですか？」というご質問。

このようなケースが1回ありました。その時は出張先のコンビニで下着を買いました。色や形にこだわらなければ、下着は24時間コンビニで買える時代。私自身がこのケースに直面した時に、下着に関しては不足を気にする必要はないな、と実感したのです。

【リビングの日用品編①（薬・クリーム）】

■ **ステップ❶　全部出す**

■ **ステップ❷　並べる・数える**

薬に関しては、「塗り薬・貼り薬」と「飲み薬」の2つに分けて並べましょう。

貼り薬

バンドエイド……■枚
消毒液……■個
綿棒……■セット
シップ……■枚
目薬……■個
ガーゼ……■枚

塗り薬

保湿クリーム……■個
ハンドクリーム……■個

飲み薬

鎮痛剤……■個
トローチ……■個
風邪薬……■個
その他……■個

ステップ③　ほどよい量を決める

薬の適正量については、あなたが病院に行くまでの間、通常何日くらい様子を見るかで判断するといいでしょう。

家でとりあえず湿布を貼ってしのぐのは、何日くらいですか？

風邪薬を飲んで様子を見るのは何日くらいでしょう？

そこから見えてくる適正量を決定してください。どうしても決められない、という方は一般的に病院で処方される「3日分」を目安にしましょう。

【めざせ3日分！〔塗り薬・貼り薬・クリーム〕】

- バンドエイド……1セット
- 消毒液……1つ
- 綿棒……1セット
- シップ……3日分×住む人の数
- 目薬……住む人の数
- ガーゼ……3日分×住む人の数
- 保湿クリーム……1つ
- ハンドクリーム……1つ
- 鎮痛剤……3日分×住む人の数
- トローチ……3日分×住む人の数
- 風邪薬……3日分×住む人の数
- その他……3日分×住む人の数

収納の観点から薬の適正量を見る時は、「塗り薬・貼り薬」は鏡を見ながら使うことが多いので洗面エリアへ、「飲み薬」は水が必要なのでキッチンに置く、とするようお伝えしています。その場合、どれくらいスペースがあるかで適正量を決めるといいと思います。

私の場合の基準も、3日分としています。

また、病院で処方された薬については、調剤薬局で必ず服用期限を聞くようにし、それを薬の袋に油性ペンで書きこんで、時期がきたら処分します（いつまで使えるか・誰の薬か、何の薬か、服用に何時間以上あけるかも書き込みます）。

[リビングの日用品編②（文房具）]

ステップ❶　全部出す

ステップ❷　並べる・数える

文具は、用途別に分けるところから始めます。

- 書くもの
- 書く紙

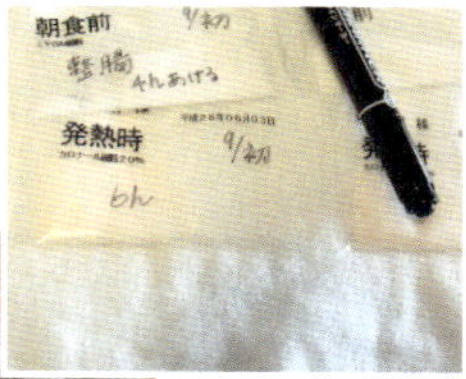

粉薬は袋に直接、瓶モノはフタ上に油性ペンで書き込みます。

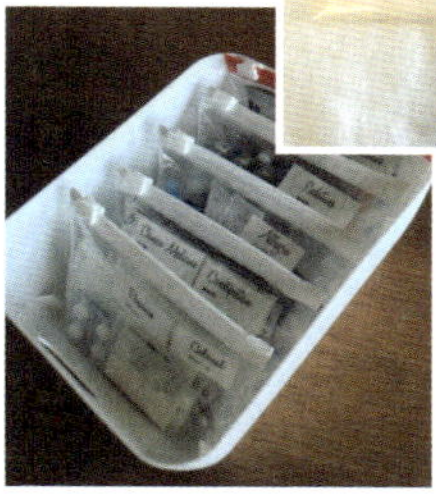

錠剤は、効能ごとに100円ショップで買ったジップロックに入れて保管。

- **消すもの**
- **切るもの**
- **測るもの**
- **留めるもの**

ステップ3　ほどよい量を決める

文具は、いつのまにか増えてしまうグッズの代表格。ひとつひとつが小さくて場所をとらないのと「いつか使うかも」ということで、ついガードが下がりがちです。一緒に片づけをしてきたお客様の中に、特定のモノに強いこだわりがある方がいらっしゃいました。

- **鉛筆やペンなど「書くもの」はすべて持ちたがる人**
- **付箋やメモ帳、レターセットだけは絶対に手放したくない人**
- **シールやマスキングテープなどの「貼るもの」をコレクションしたい人**
- **絵ハガキだけはたくさん持っていたい人**

全部出して並べたら、自分のこだわりの傾向が見えてきます。

「なぜこれを集めたいのだろう」となぜなぜ分析をして、自分自身が納得したほどよい量を決めるようにしましょう。

使いやすい目安量を知りたい人は、この数値を目標にしてみてください。

【文具】の目標数

書く

- ボールペン……家族の人数分
- シャープペン……家族の人数分
- 替え芯……1セット
- 鉛筆……1本
- 鉛筆削り……1つ
- 油性ペン……1本
- 赤ペン……1本
- 色鉛筆……1セット
- カラーペン……1セット

用紙

- メモ帳……1セット
- レターセット……1セット
- 付箋……1セット

消す

- 消しゴム……1つ
- 修正テープ……1つ

切る

- ハサミ……1本
- カッター……1本

測る

- 定規……1つ
- メジャー……1つ

留める

- ホッチキス……1つ
- ホッチキスの芯……1セット
- のり……1つ
- セロハンテープ……1つ
- ガムテープ……1つ
- 接着剤……1つ
- ひも……1つ
- クリップ……1セット

我が家の量もこれと同じです。以前、我が家に取材にいらした雑誌編集者の方に、「すみません、ガムテープと白い布、ありますか？」といわれ、私がサッとそれを出したことがありました。そういうやり取りが何度か続き、「すぐに頼んだものが出てくるのがスゴイです。片づけのしくみができているって、こういうことなんですね」といわれ、妙に納得したことを覚えています。

文具をひとつひとつ手に取って見ていくと、「もったいない」「まだ使える」という言葉が絶対に出てきます。ぜひ、手放すモノ自体でなく、それによって「すぐに見つかる」という時間のメリットにフォーカスし、自分に合った適正量を決めてほしいと思います。

［思い出のモノ編（写真）］

お客様と一緒に片づけをしていると、お土産やプレゼントが次から次に出てきます。最初の頃は「人からもらったモノだから……」とおっしゃるのですが、途中からは「自分へのお土産」がわんさか出てくることがほとんど。

ミニマリストの私は、社会人になってから、旅行で自分へのお土産というものをひとつも買ったことがありません。出張時はもちろん、プライベートの旅行でも同じです。

また、旅行中はほとんど写真を撮りません。お土産を買ったり、写真を撮ったりする時間と労力は私にとって「思い出のための思い出づくり」感が強く、旅そのものを楽しむことを一時中断しているような気がするのです。


思い出といえば、ある時、実家の母親が「家の写真を整理しようと思うんだけど」と言い出したことがありました。私の両親は旅行が好きでよく連れて行ってくれ、その時々の写真を分厚い「おもひで」冊子に入れて保存してくれていたのです。

私同様モノを持たないタイプの母も、家族の写真を捨てるのはさすがに抵抗があったようで、数えてみるとその数1000枚超！

母は、それらの写真を見返して「自分の思い出ベスト50枚」「私との思い出ベスト50枚」「弟との思い出ベスト50枚」を厳選し、小さなフォトアルバムに納めて送ってくれました。

実家で生活していた私の22年間を、たった50枚に厳選した母はスゴイです。生後の次は、もう幼稚園ですから。でも、実家に帰っても「おもひで」を見ようとも思わなかった私が、「思い出ベスト50枚」はヒマがあると手に取るようになったから不思議です。私にはこれがあれば充分！　と思いました。その後、押入れに眠っていた学生時代の卒業アルバムを迷うことなくすべて処分することができました。

そんなこんなで、私には「思い出の写真」が50枚しかありません。では、私は人よりも「思い出」が少ないのかというと、そんなことはありません。

「思い出の品」は、少ないからこそ価値があるのだと私は思います。

たくさん保管してあると、なんだか思い出自体がいっぱいあるように感じますが、実際は「精査するのが面倒だった」ということがほとんど。過去の精査しきれていない思い出に浸るよりも、明日が思い出に残る一日になるように、今できることを行動に移したほうがいいと思いませんか？

もうひとつ。今、読者の方の多くは自分（たち家族）だけの思い出についてだけ考えていらっしゃると思います。でも、将来的には先立つご両親の思い出も引き受けなければいけません。それなら、自分自身は身軽になっておいた方が楽だと思いませんか。

そんなことをふまえて、あなたはどれくらい思い出を残したいかを考えてみてください。

それは段ボール1つ分ですか？
それとも、畳1畳分ですか？

繰り返しますが、畳1畳分の思い出は月々3千円と同じです。年間3万6千円払ってでも置いておきたい思い出なのかどうかを見極め、段ボールや衣装ケースにまとめて保管するようにしましょう。

COLUMN

香村式・洗濯物のたたみ方

・アパレルショップのようにピシッと揃ったたたみ方
・たくさんの量を収納できるたたみ方
・シワがつきにくいたたみ方

さまざまなたたみ方がありますが、香村家では「一番早くできるたたみ方」を採用しています。大人がたたむ場合には、

・たたむ回数を最小にする
・立ったままたたむ
・使う時を想定してたたむ

この3点がポイントになります。 他に、子どもが積極的にたたむことに参加するような声がけも重要。その時のたたみ方は子どもにおまかせ。毎回いろんな方法でたたむので見ていて面白いです。ストップウォッチを片手にゲーム感覚で一緒にやってみると立派な「遊び」になるのでおすすめです。

タオルのたたみ方

❶

縦半分に折る

❷

横半分に折る

❸

立てて収納できるよう、
さらに三つ折りにする

シャツのたたみ方

❶

縦半分に折る

❷

袖の部分を
身頃側に折る

❸

・子どもは二つ折り
・女性は三つ折り
・男性は四つ折り
厚みを出すことで、
立てて収納できます。

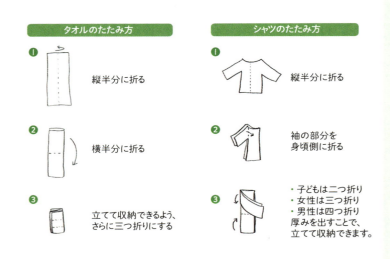

PART 4

「ムダとり」で
モノを減らし
スペースを広げる

「こういうもの」「ねばならない」に潜むムダ

トヨタグループには、モノづくりのベースに「カンバン方式」という手法があります。各企業が広大な工場を持っているにも関わらず、在庫を極力持たず、必要な時に必要な分だけ作り、定期的に棚卸を行い、在庫の状態をチェックするのです。

私がアイシンAWの新入社員時代、研修で工場のラインに入っていた時、この棚卸を初めて経験したのですが、米粒ほどの大きさの部品までしっかり管理されていることに驚きました。のちに棚卸を監査する側として工場に入った時、「ムダなスペースが一切ないこと」「よけいなモノが一切ないこと」に感動したことを覚えています。

皆さんのご家庭はどうですか？ なんとか部屋を広く使えないかと試行錯誤している割に、頻繁に使わないモノのストックが大量にあったりしませんか？「なぜコレがこんなところに」という不要なモノに占領されたスペースが存在しませんか？

以前、実家の1階にある納戸を片づけた時のこと。納戸の中を占領するように畳が1枚、斜めに押し込まれていました。

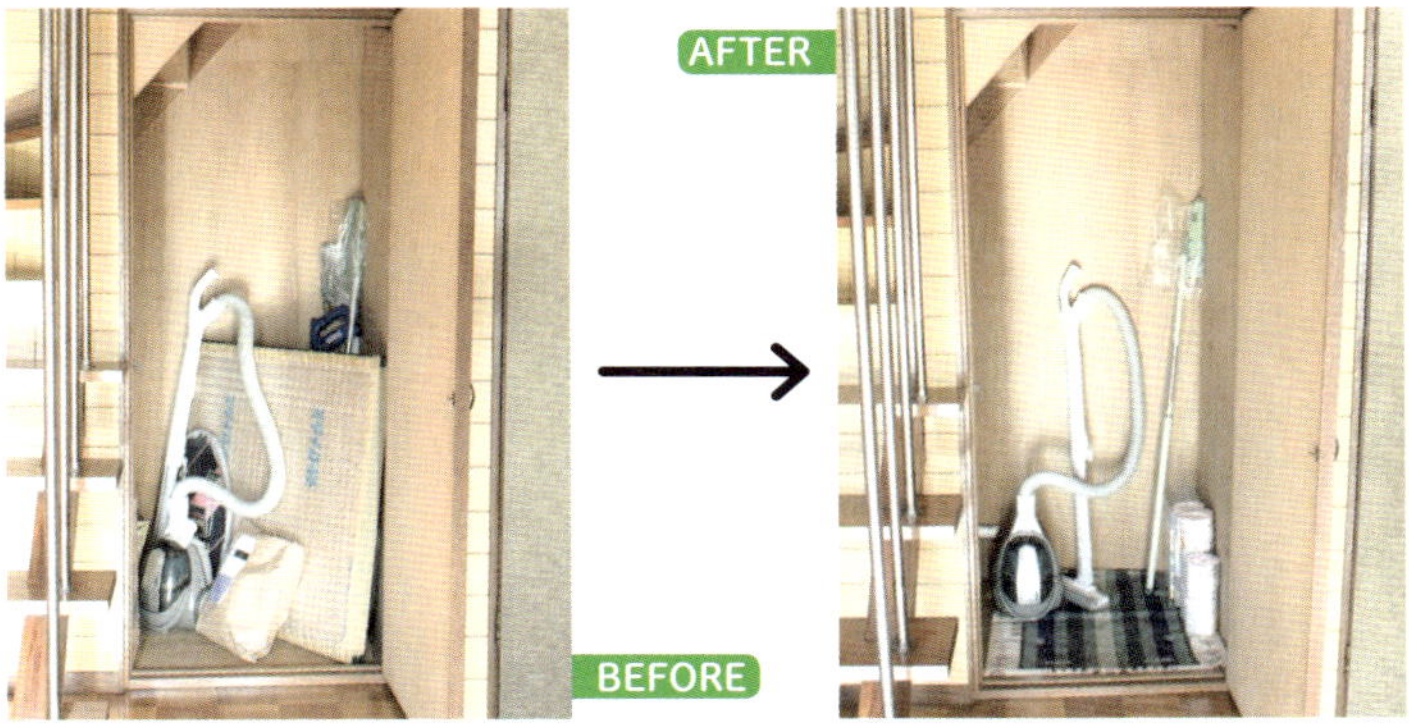

母いわく、「家を片づけて一番良かったところ」がこの納戸だそう。
入り口がスッキリしたので、左奥の収納が使えるように。

私　この畳、使ってる？

母　全然。そういえば、何年もここに入れっぱなしだわ。でも、いつか使うかもしれないと思うと、捨てられないのよね。

私　この納戸は使いやすい場所にあるから、もっと活用できたらいいのにと思って。この畳、2階の物置に移動してみたらどう？

母　言われてみればそうね。40年近く畳は納戸に置いていたけど、考えてみたらここに置いておく意味ってないわよね。

私が考える「片づけのムダとり」とは、モノの発見・活用によって空間を広げること。同じ空間に住んでいると景観に慣れてくるので、不要なモノがあっても「この状態が当たり前」と思ってしまいがちです。でも、少し下がって俯瞰して見ると「ムダの発見」が正しくできるようになります。

「減らす」=「捨てる」ではない

「とにかくモノが捨てられなくて困っています。前の引っ越しの荷物がそのままで……」

そんな依頼をいただき、一人暮らしのEさんのお宅に伺ったときのこと。おっしゃるとおり、住んで5年以上たっているというのに、引っ越し用段ボールがまるでゲームオーバー寸前のテトリスのように、天井近くまで積み重なっていました。

しかし、私には段ボールの山よりも気になったことがありました。段ボールに寄り添うように、いろんなモノが置かれているのです。

- 買いモノついでに買ったお風呂洗剤のストック(ナイロン袋に入ったまま)
- 先月の出張で使った資料の束
- 定期的に届く大量のサプリメントと化粧品
- お葬式で持ち帰った海苔とお茶のセット
- 昨日使った通勤バッグ

トヨタグループの「ムダとり」

ムダの発見・廃止による効率化

おうち片づけの「ムダとり」

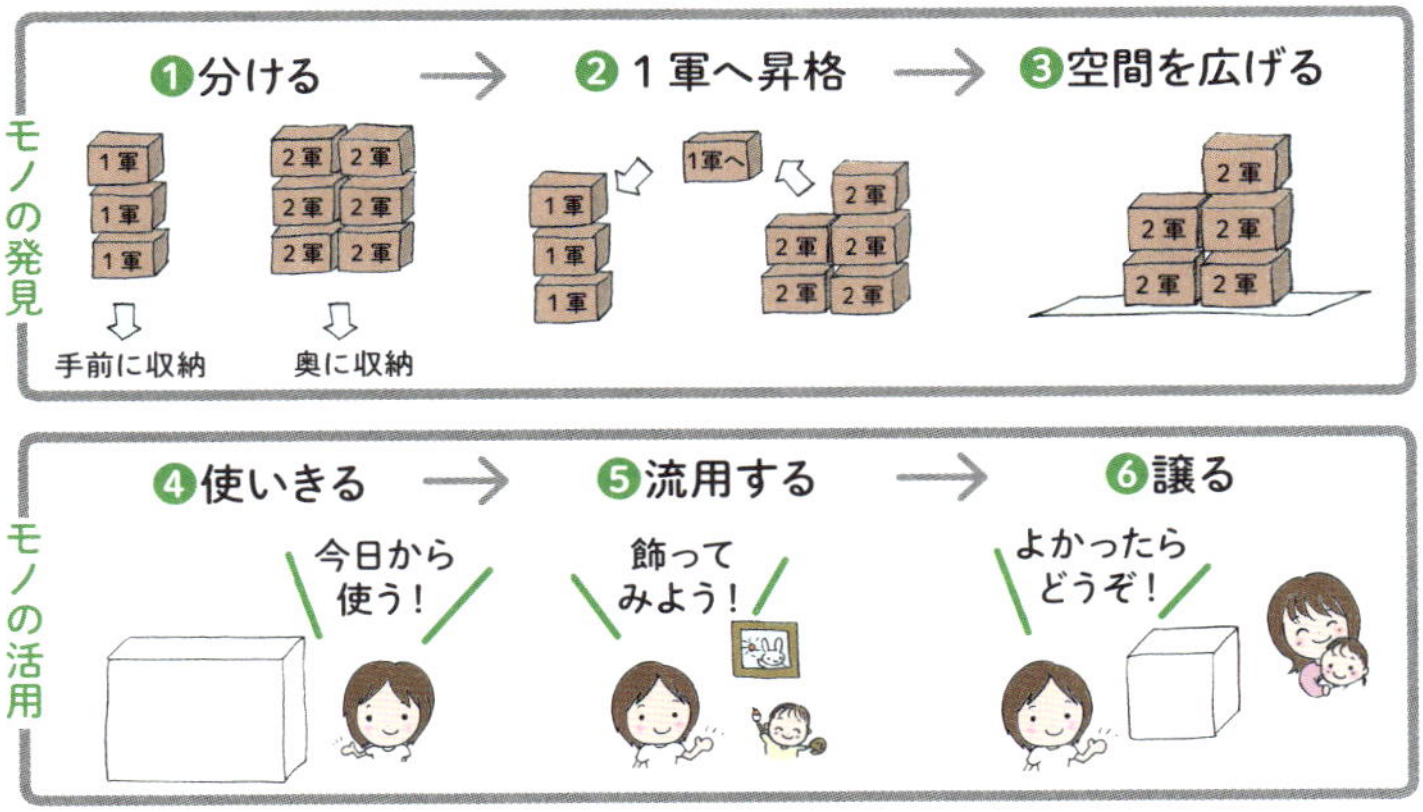

モノの活用によるスペースの確保

そういった、「毎日少しずつ持ち帰った何気ないモノ」が段ボールにもたれかかるように置かれるため、少しずつ段ボールの山の「すそ野」が広がっていくのです。「モノがモノを呼ぶ」とはまさにこのこと。同じように部屋の中に伏魔殿ならぬ「伏ゴミ殿」があるという方は多いのではないでしょうか。

モノを捨てられない方には、漠然とした「捨ててしまうことへの不安」があります。「片づけるということは、捨てなきゃダメなんですよね？」と聞かれることが多いのですが、答えは「ＮＯ」。必ずしも捨てる必要はありません。では、どうすればよいのでしょうか。

ズバリ「減らす・生かす」のです。

減らし方は、全部で３つ。

❶ 分ける
❷「１軍」へ昇格させる
❸ 自由に使える空間を広げる

そして、生かし方も全部で3つ。

❹使いきる
❺流用する
❻譲る

この❶〜❻を行うことで、家の中のムダ取りを行います。

「毎日使う／週1／月1／年1」で分けるとうまくいく

トヨタグループでは、モノの置き場所を「使う頻度別」で決定しています。

でも、家の中は仕事と違ってくつろぐための空間ですから、雑貨などは使用頻度では分けにくいですよね。そういうモノは「好き」「嫌い」という軸で分ける作業を行うのですが、ここでは、明確に使用頻度で分けて収納するとよいモノをご紹介します。

まず、最初に取りかかってほしいのが、ずばり「カトラリー」です。

・箸
・スプーン
・フォーク
・ナイフ
・その他

実際にご自身のカトラリーを見てみてください。PART3で決めた「ほどよい数（適正量）」以上に入っていませんか？

以前、4人家族のお客様の家で、フォークだけで20本もあったケースがありました。これはよくある例です。この数を使用頻度で分けてみましょう。

毎日使うのは1〜2本。そして残りは年に1回ほど来客があった時に使うかも？程度。そう考えると「来客にフォークを出す」というケースは非常に少ないことが分かります。毎日使う1、2本と、年に1回あるかないかの来客用が同じケースに収納されているということが問題なのです。これだと、毎日の1、2本を取り出すのに、来客用をよけるようにして探し出すことになり、毎回数秒のロスが発生します。

これは、「分ける」ことで簡単に解決できます。

我が家では毎日使う1~2本だけがカトラリーに入っているので、視線をそこに向けなくてもフォークが取り出せます。そして来客用はカトラリーの奥に「来客専用カトラリーボックス」を作ってそこに入れるようにしています。

カトラリーを実際にやってみたら、今度は文具（書くもの）にもトライしてみましょう。

以前、リビングの目立つ位置にギュウギュウに詰まったペン立てを置いているお宅がありました。ペン立ての中には、ボールペンだけでも15本以上が押しくらまんじゅう状態。

なぜそんなにたくさん持っているのかを聞いてみると「すぐになくしてしまうから」とのこと。しかし、そこに暮らす人は3人。つまり、3本あれば足りるのです。

そこで、ボールペン3本、シャーペン3本、油性ペン1本だけをメインのペン立てに入れ、残りは2軍として引き出しの奥に収納することに。すると、すぐに変化がありました。

・取り出しやすい

・なくさない
・戻しやすい

実は、この3つはセットなのです。

ギュウギュウに詰まったペン立てに戻すという作業は、ほんの数秒でも時間がかかってしまうので、それが無意識のうちにストレスとなり、ついテーブルの上に置きっぱなしになってしまいます。だからなくしてしまうのです。

ふだん毎日のように使うモノを、取り出しやすく戻しやすい数まで減らすことができれば、時間と気持ちの余裕が生まれることが実感できるようになります。

「片づけるだけで、こんなにラクになれるんだ！」と効果を実感できると、自分が片づけに費やす時間に納得でき、行動に移しやすくなります。

高級品は「しまい込む2軍」からあえて「毎日使う1軍」へ

片づけの現場で私が一番ワクワクする時、それは「キッチンの吊り戸棚」と「押し入れの天袋」を片づける時です。そこには住んでいる本人もすっかり忘れていたお宝が眠っていることが多いためです。

よく出てくるのが「ワイングラス」「食器」「コーヒー豆や茶葉」「缶詰」「高級タオル」。引き出物やお中元・お歳暮での頂きモノですね。自宅で使うつもりがあるなら、今すぐ封を開け、現状使っている1軍と取り換えましょう。ワイングラスに関していえば、グラスが違うだけで、香りと味が全然違ってきます。コーヒー豆なども鮮度がいいほうが、美味しいコーヒーになるに決まっています。今日からさっそく使っていきましょう。

「でも、来客用だからふだん使いはちょっと……」と思われたのではありませんか？

年に1回あるかないかの来客のためにステキな食器や新鮮なコーヒー豆を保管し、ふだんの生活は100円ショップのカップでインスタントコーヒー。一生懸命片づけた後でも、あなたはそんな暮らしを望んでいるのでしょうか？

ぜひ、来客用の高級品をふだん使いの1軍へ昇格させてあげてください。そして、本当に来客があった時だけお客様にその食器を使ってもらうのはどうでしょう。

「でも、ふだん使いにすることで割ってしまったら……」と思う方もいるでしょう。私にいわせると「使わずにしまってある」のと「割ってしまって使えない」のは同じこと。言うまでもなく、モノはたくさん使ってこそ意味があるのです。

ぜひ、「来客用はふだん使ってはいけない」という思い込みを外してみてください。

また、この「しまいこんでいた2軍」を「毎日使う1軍」に昇格させることで、「吊り戸棚」「天袋」のスペースがガラッと空きます。140ページ❶「分ける」で2軍行きになったモノたちを収納する場所が確保できるのです。

これにより、片づけ前はどの引き出しもギュウギュウだったという方でも、

・1軍はお気に入りのモノでゆったり収納
・2軍は少し手の届きにくい場所にまとめて収納

ができるようになります。

我が家のペーパー・ルール

続いては在庫管理です。

「モノを捨てられない人はモノを買いすぎ」だと何度もお伝えしていますが、そういう方

はもともとのストック数が多いのが特徴です。

先日片づけにお伺いしたお客様は、キッチンペーパーを16個もお持ちでした。それだけでキッチンの吊戸棚ひとつが満杯になってしまいます。

なぜこんなに買ってしまったのかを尋ねると「家に在庫がないと思っていた」とのこと。

トヨタでは、在庫がなくなる前に発注をかけるしくみが整っています。これにより欠品を防ぐのですが、そのためには「在庫がいつなくなるか」を把握しておく必要があります。

私は、家の中のモノがいつなくなるのか、日用品であれば9割知っています。だから在庫を抱え込む必要がないのです。

PART2のコラムでお話ししたとおり、我が家はコストコのキッチンペーパーを3週間で1本使います。

・コストコに行くのは1か月に1回

・最後の在庫を開けたらストックを購入する

というサイクルです。

トイレットペーパーはどうですか？　12ロールを2つも3つもストックしていると、スペースもかなり必要になりますよね。

▲ **1ロールを2〜3日で消費（1か月で10〜15ロールを消費）**

▲ **12ロールパックを月に1回購入すれば大丈夫**

● **「月末だからトイレットペーパーを買おう」がしくみ化のための合言葉**

このように、在庫の量が多いモノに関しては、「これがいつなくなるか」を調べて、ムダな在庫分のスペースを確保することをおすすめします。

捨てずに減らしてスペース確保

モノを発見したら、今度は活用していきましょう。

お客様と一緒に片づけをしている時、必ず出てくる大量の消耗品。

- 化粧品／ヘアケア商品の試供品
- 歯ブラシ
- 旅館のお泊まりセット
- 割り箸・スプーン
- ポケットティッシュ
- 粗品のタオル
- エコバッグ
- スーパーのレジ袋
- わさび、からしのたれ

化粧品やシャンプー、リンスなどの試供品は、片づけ当日に使ってもらうようにお客様にお伝えしています。「わかりました」だけの可能性もあるので、おせっかいではありますが、はさみで封を切ってバスタブの横に置いておきます。そうすると使うか捨てるかしかなくなります（笑）。

アメニティの歯ブラシはどうですか？

「旅行に行くかも」「誰かが泊まりにくるかも」と思って取ってあるなら、その旅行はいつなのか、考えてみてください。5人も6人も来るのは、いつのことでしょうか。

割り箸についてはどうですか？

使用期限がないので、いつまでも置いてしまいがちですよね。でも、知人の家で食事をいただく時、明らかに古びた割り箸を出されたら、どんな気分でしょう？　逆の立場で考えた時に不快になるなら、たくさん持たないほうが賢明でしょう。

私が考える割り箸の期限は1年。1年間のうちに自宅で食事をされるお客様が何人いるのかを想定した本数だけ残し、残りは今日からの割り箸生活で使ってしまいましょう。

続いて、ポケットティッシュです。

最近購入したのはいつか、思い出せますか？　家になくても、コンビニや駅のキオスクで売っています。買えないなんて事態はそうそう発生しません。

わさびやからしのタレ袋にも同じことが言えますが、こういうモノのほとんどが身体に塗ったり触れたり食べたりするモノ。そういうモノこそ今すぐ使い切りましょう。

本当に大切にしたいモノは、使ってこそ輝きを増す

「モノを大切にする」ことについて、ここで一度考えてみましょう。

「宝物箱」に入れて押し入れの奥に置いておくことって、本当に大切にしていることになるのでしょうか？

お客様の家では、ティーカップなど、高級なモノであればあるほど使わずにひっそりと保管されています。皆さん口を揃えて「もったいないから使えない」とおっしゃるのですが、正直「何のために買ったんだろう……」と思わずにはいられません。

高価だからこそよく使うモノの代表として有名なのが、ペルシャ絨毯です。

ペルシャ絨毯は踏めば踏むほど強度が増し、古くなればなるほど格が上がると言われています。そのため、わざと人が良く通るホテルのエントランスに置かれていたりします。

我が家にも、ペルシャ絨毯と同じイラン製の「ギャッベ」という絨毯があります。夏はさらりとして冬は保温効果に優れ、１００年以上の耐久性があります。

こちらも、購入当初はゴワゴワした手触りでしたが、私が家族に口酸っぱく「フローリングの上に立つならギャッベの上に立って」と言っていたこともあり（笑）、今やほおず

りしたくなるほどのしなやかさになりました。

私は、高価なモノであればあるほど「常に誰かが使っている人気モノ」になるべきだと思っています。価格を飛び越えるくらいの使用頻度があって初めて、「これは買って正解」と思うのではないでしょうか。

お金をかけずにインテリアを充実させる極意

「今は使っていないけど気に入っていて、手放せない」

そう断言できるモノがあるなら、ぜひインテリアとして飾ってみましょう。

「シンプルな部屋にしたいのであまり飾りたくない」という方には、部屋の中の一角だけをインテリアブースにすることをおすすめしています。

我が家の場合は、母親がバリ島で買ってきてくれたアタという素材のバッグを、家電のリモコン入れとして使っています。ほかには、海外で買った絵本をインテリアとして飾ってみたりしています。

絵本は表紙で季節感を出すことができるため、クリスマスの時期が近づくと、図書館でクリスマス関連の大きめの絵本を、内容よりも表紙のイラスト重視で借りてきます。それ

頂きものの野菜は、アタ製のカゴに入れてディスプレイ。翌日には冷凍してしまうので、一日限りのぜいたくなインテリアです。

壁に固定できる本置き（無印良品）を3つ並べ、絵本ラックに。高さはもちろん、子ども目線で。

を数冊壁に立てかけておくだけで、クリスマスツリーに劣らない季節感が出ます。それを見た子どもが興味を示すので、本好きになってくれやすい効果もあります。

また、季節の果物や野菜もインテリアとして飾っています。我が家では、農家のお友達から無農薬の野菜を分けてもらっています。これほど季節を感じさせてくれるものはありません。なので、雑貨というモノは必要ないのです。

お客様宅での片づけでも、落ちていた美術館のチケット半券をコルクボードに留めてインテリアにしてみたり、茶器を壁に掛ける収納に置いたりして、手放せないモノをさりげなく飾るようにしています。

飾ってみて「やっぱりコレ、好きだな」と感じるなら、そのモノへの愛着がある証拠。逆に「う〜ん、飾るほどでもないなあ……」と感じるなら、それはただの執着です。

手放せない理由として「高かったから」「もらいものだから」「まだ新しいから」と、「自分がそのモノに対してどう感じるか」以外に出てくる言葉はすべて「言い訳」です。

自分が感じているのは愛着なのか、それとも執着なのか、その判断基準として、ぜひ「一度飾ってみる」ことをおすすめします。

手放せないモノは、使うベクトルを変えてみる

使用頻度は低いけど、絶対に手放したくないモノ。ミニマリストの私にも、たった1つだけあります。それは「着物」です。

叔母がくれた、15着の着物。春と秋の年に2回、必ずすべてをたとう紙（着物を包む紙）から出して眺め、羽織り、空気に触れさせて……それだけで心が躍ります。

大河ドラマを見ていると、お姫様が着物を部屋に飾っている光景が目に入り、「そうか、

飾ればいいんだ！」と、鴨居にかけては眺める生活を送っていました。

しかし、それもしだいに飽きてきて、なんとかこの着物たちをもっと活用する方法はないか？と、ずっと考えていました。

そんな時にふと、「旅館では浴衣を着て寝るんだから、家でもそうしてみよう」と思い立ったのです。私が持っていたのは、母にもらったろうけつ染めの浴衣。裾に数か所シミがあって、着るのはちょっと……でも手放すのは惜しい、という状態でした。

そこで思いきって、温泉浴衣のように裾を切って短くすることにしました。一応母に相談したのですが、第一声が「高かったのに……もったいない」でした。でも、このまま持っていても着る機会がないのだからと説得し、しぶしぶＯＫをもらいました。

温泉浴衣になった浴衣は着てみるととても涼しく、快適でした。最初は反対していた母も、私の様子を見て、「その使い方、大正解ね」と言ってくれました。それ以降、私のナイトウェアとして活躍してくれています。

そして、今では冬も着物を着て寝るようになりました。

着物は浴衣と違い、シルクです。直接肌に触れれば気持ちいいに決まっています。着物は着ると背筋が伸び、所作までおしとやかになるので不思議です。最初は「小料理屋の女

着物は重ねてクローゼット上段に収納。定期的なメンテナンスで、桐ダンスいらず。

将さんみたい」と若干引いていた夫も、今ではすっかり慣れたようです（笑）。

リサイクルのタイミング

今大流行のヤフオクやメルカリなどで、モノをリサイクルしてお金に換えるのもいいでしょう。お客様の中には、片づけにかかった費用をリサイクルで回収しようと頑張っている方もいらっしゃいます。

リサイクルの場合、できれば片づけ作業を行った勢いが残っている当日に行うことをおすすめします。私はお客様と片づけをした後、業者に取りに来てもらうよう電話するところまでおつき合いさせていただくようにしています。

潔く「譲る」美学

「使わない、でも捨てられない」モノで多いのが、状態の良いモノです。状態が良いと「もったいない」という気持ちを払拭しにくいものです。そういう時、私は潔く「譲る」ようにしています。

実は私、今は自分のモノを減らす時にリサイクルは使っていません。いざ買取価格を提示され、「今まで大切にしてきたのに、その程度の価値だったのか……」とがっかりしてしまうことが多かったからです。

では、どうしているのか？　その都度ブログでモノの写真をアップして「ほしい方がいたらメッセージをください」と書き込み、人に譲るのです。

不思議ですが、人に譲っていると、人からも譲ってもらえるようになります。

現在、3人目の子育てを行っていますが、出産用品はほぼすべて、友人知人に譲ってもらったモノたち。まさに「家庭内シェアエコノミー」です。

しかも、譲ってもらったモノは自分ではとても買えない高価なモノばかり。状態もいいので、またこれを誰かに譲ってあげるつもりです。

COLUMN

香村式・子どもが片づけたくなる伝え方

「お子さんも、お片づけできるんですか?」という質問をよく頂戴します。
具体的な片づけ方を教えたわけではありませんが、「我が家の子どもは片づけがキライではない」ということだけは確信をもって言えます。それは「私たち夫婦が楽しんで片づけているから」です。

親が「片づけなさい!」と怒ったり、イヤイヤ片づけしているのを見ると、「片づけって楽しくないことなんだ」と子どもが記憶してしまうのは当然のこと。「片づけなさい!」と言いそうになったら、ぐっとこらえて「片づけてくれると嬉しいなー」に変換できるとステキですね。

そこで、香村家では「片づけなさい!」「ひとつ出したらひとつしまいなさい」といった言い方ではなく、「片づける具体的な理由」を子どもに伝えるようにしています。

・おもちゃを踏んで痛い思いをするのはあなただよ
・私たちが踏んだら壊れてしまうかもしれないよ
・混ざると行方不明になっちゃうよ
・ひとつでもなくしたらこのゲームはできなくなっちゃうよ
・赤ちゃんがおもちゃを口に入れたら、汚れて嫌だよね
・おもちゃを片づければ、思い切り走り回れるよね

などなど。ぜひ、お試しください。

PART 5

「5S」で家事を徹底的に時短する

トヨタの「5S」は時短家事にうってつけ

家事や片づけに費す時間、もっと減らしたいと思いませんか？

総務省の調査によると、6歳未満の子どもがいる家の妻の一日の家事時間は、約4時間半。1日の1／6です。そこで、私はトヨタメソッドの1つである「5S」を家事に応用することを考えました。すると、なんと1時間半もの時短に成功したのです。

トヨタ式「5S」は、次の5つの言葉の頭文字を取ったもの。

❶ 整理（SEIRI）
❷ 整頓（SEITON）
❸ 清掃（SEISOU）
❹ 清潔（SEIKETSU）
❺ しつけ（SHITSUKE）

5Sのコンセプトをざっくりいうと、「職場の基盤作りの活動」のこと。
通常「モノの整理整頓」として理解している方が多いと思いますが、私がいた職場では、「業務内容の整理整頓」にも使われていました。

- **毎日退社前に、1時間単位で何をしたかを記入する**
- **手当たりしだいではなく、事前に段取りを組んでから仕事を始める**
- **やめてもいいこと、自分がやらなくてもいいことを探す**

毎朝のグループミーティングでは、全員が今日やることを緊急度順にボードに記入し、「誰が何をすると最短で最良のアウトプットができるか」をメンバー全員で検討していました。仕事を1分でも効率よく進めるために、ひとりひとりの「時間の5S」を行った結果、残業時間は翌月に約半分にまで減ったのです。

このパートでは、家の中で自分の時間を生み出すために私が考えた「時短家事の5S」をご紹介します。

■トピック❶ 整理（SEIRI）

トヨタの5Sでいう「整理」とは、仕事の際に必要なものと必要でないものを分け、必要でないものは捨てること。これを家事に置き換えるとこうなります。

「『ふだん家の中でしていること』を書き出し、その中からやめることを決める」

それぞれの家事にかかる時間を測ってみよう

最初に私が取り組んだのが「家事時間の測定」です。

トヨタグループでは作業の標準化の一環として、それぞれの作業に対し、ストップウォッチを使って「ここからあの部品を取りに行くのには何秒かかる」というように細かな現状把握を行います。Aさんとbさんでかかる時間に差が生じてはいけないからです。

同じように、夫婦で家事をこなしていくのに、私と夫の掃除時間に差が出ると「手抜き疑惑」のもとになります。それを防ぐためにも「現状把握としくみ作り」が必要だと考え、まずは現状の掃除の手順を書き出してみました。

＊あなたの家事時間、どれくらい？＊

（単位：分）

		あなた	著者	日本平均※
午前	朝食作り		5	14
	朝食片づけ		5	20
	お弁当準備		15	24
	洗濯・洗濯物干し		10（ドラム乾燥ならゼロ）	20
	掃除機（ほうき）		10	合わせて 40
	拭き掃除		5	
	特別掃除（ふとん干し・トイレ・洗面・お風呂など）		3	
	小計		53	118（1時間58分）
午後	昼食作り		7	15
	昼食片づけ		5	8
	おやつ作り		5	0
	おやつ片づけ		2	0
	1日1か所片づけ		30	0
	夕食準備		17	45
	夕食片づけ		10	21
	洗濯・たたむ・収納		12	25
	アイロン掛け		3	5
	翌日の準備		3	10
	食事下ごしらえ		7（週2回で各25分）	0
	部屋片づけ		10	20
	小計		111（1時間51分）	149（2時間29分）
	合計		164（2時間44分）	267（4時間27分）

※無印良品が2008年に行った家事アンケートおよび「2015年国民生活時間調査」をベースに、各種アンケート結果を統合したもの

「洗濯物を干す」……10分
「洗濯物をたたむ・収納する」……12分

といった具合です。

これをやって一番良かったのが、物事を並列処理できるようになったこと。

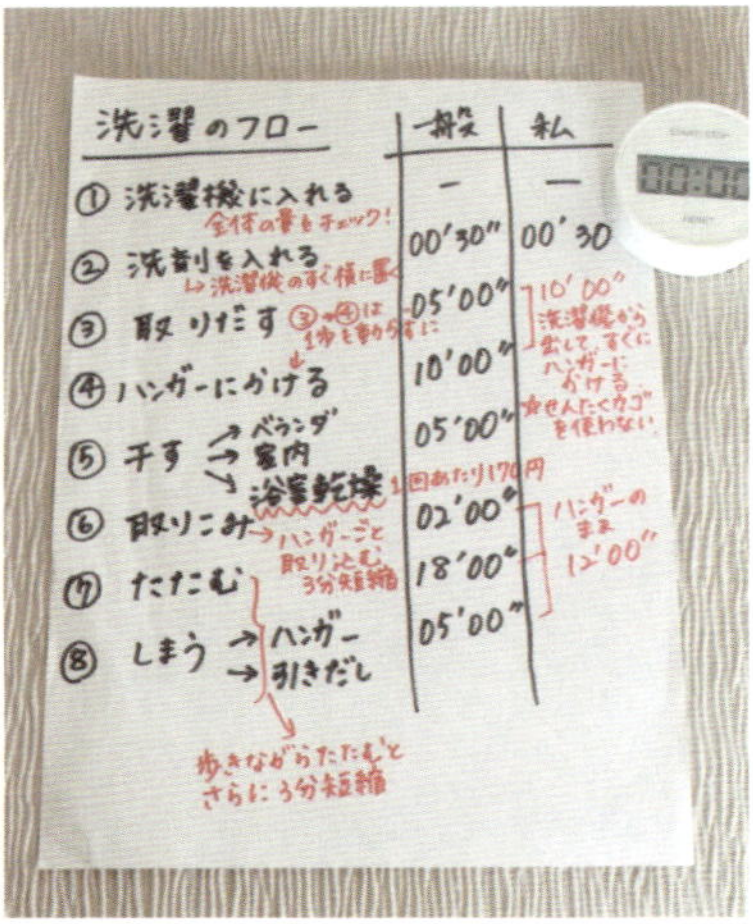

現状の行動をベースに、改善点を赤字で加筆。

例えば「あと5分で洗濯機が止まる」という時、ただ待つのではなく、5分以内で終わるほかの家事をすませてしまうのです。

この時ありがちなのが、その家事に思いのほか手間取り、そのまま洗濯を干すのを忘れてしまうこと。それでは本末転倒です。

こうしてみると、家事の中でも「料理」と「洗濯」にかかる時間がかなりのウエイトを占めていることがわかります。そこで、私もこの2つの項目の中から「やめること」を決めることにしました。

炊飯器をやめてみた

すでにおわかりの通り、私が唯一苦手とする家事が料理。しかし母である以上、料理をほめられたいという願望も少なからずあるわけで……。

そこで、まず1つだけ鉄板メニューを作ろうと、家族に「一番好きなメニューって何?」と聞いたところ、全員一致で「白いご飯」という結果に（笑）。ならば、ご飯だけは自信を持って炊けるようにしよう、と考えたのです。

そんな私がやってみた実験はズバリ「利き飯」。私と違って舌の肥えた友人に来てもらい、6種類の器具でご飯を炊き、どれが一番おいしい? かかる時間は? 料理の手間は? などを比較検討してみたのです。

その結果、全員が一番おいしい! と口にしたのは「ご飯用の土鍋」でした。それまで、10年間ずっと炊飯器や圧力鍋でご飯を炊いていた私は、その味の良さに驚きました。これを機に土鍋を購入し、愛用しています。
味はもちろん、土鍋の良さは他にもあります。

■メリット①　15分炊いて、10分蒸らせば完成。実は炊飯器以上の時短が可能

さらにコンロ自体に「炊飯モード」があれば、火にかけて放置できるので無敵です。

■メリット②　そのままおひつ代わりに。電子レンジもOK

毎日遅く帰宅する夫は、残ったご飯を土鍋のまま電子レンジでチンしています。土鍋が水分を吸収するのでべたつかず、炊飯器の保温モードのようにお米が黄色く変色してしまうこともありません。冷蔵庫で保管できるので、翌朝冷蔵庫から出した土鍋を電子レンジに入れることも多いです。ラップいらずなところも嬉しいですね。

■メリット③　ご飯だけじゃない。いろいろなメニューが作れる

当たり前ですが、土鍋なのでうどんすきなどの鍋物や、残ったご飯で雑炊など、最後までそのまま使えるのが便利です。

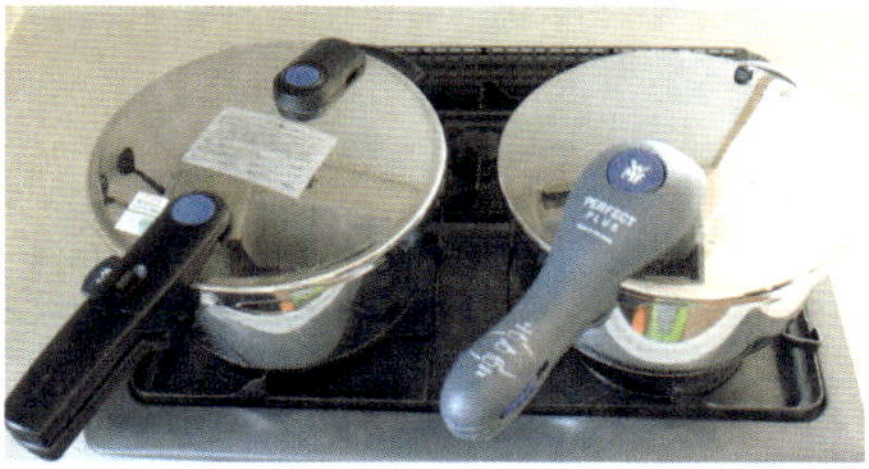

左：圧力鍋
（フィスラー ビタクイック）
右：圧力鍋
（WMF パーフェクトプラス）

左：ミルクポット
（シリット社）
中：オーバル鍋
（ストウブ）
右：ご飯用土鍋
（万古焼）

5種類のお鍋＋炊飯器で、ご飯の味比べを行いました。

味噌汁を出汁から作るのをやめてみた

ちょっとしたことではありますが、日本人のソウルスープ、味噌汁を出汁から作るのをやめ、インスタントに変えました。理由は2つ。

理由❶ 家族から「必須ではない」といわれた

夫はランチ、子どもは給食で味噌汁を飲むことが多く、夜も飲みたいわけではないとのこと。逆に、急に「飲みたい」といわれることもあるので、汁物はインスタントに変えました。味噌汁用の行平鍋がいらなくなるので、時短にもなります。

理由❷ 非常食用のインスタント味噌汁をローリングストックする方が効率的

お客様の家でパントリーを片づけていると、必ずといっていいほど賞味期限の切れた粉末スープが出てきます。「非常食用に買ってあった」とおっしゃる方が多いのですが、「本当にもしものことがあったら、逆に危険では？」と考え、ローリングストック（古いものから使い、新品を補充していくストック方法）をおすすめしています。

汁物に限らず、非常食として収納しているものをうまく日常の食事に取り入れてローリ

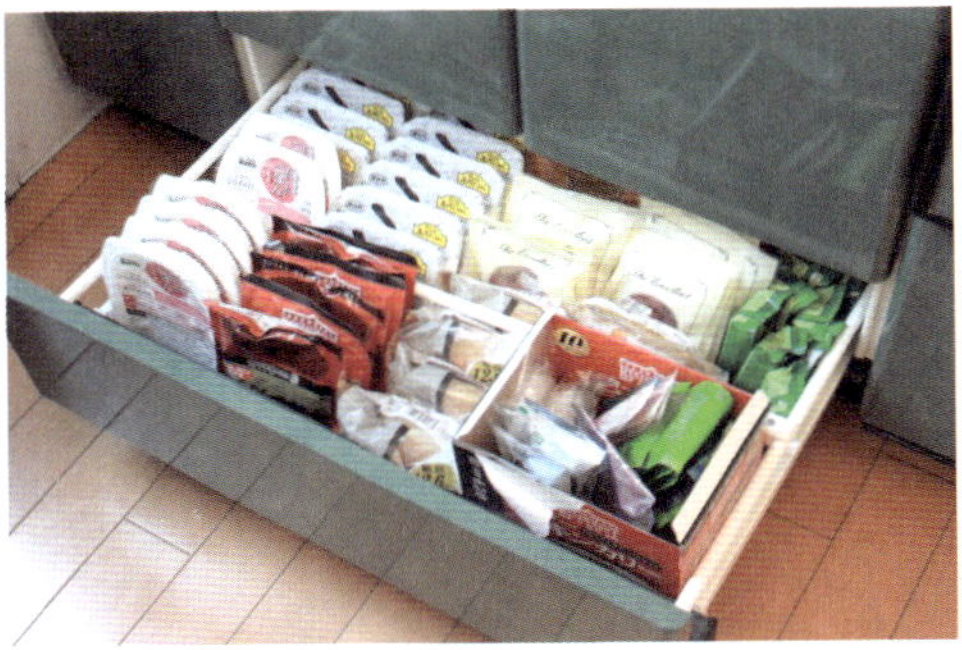

家族が3日間「サバイバル」できる量を意識してストック。

上から見て分かるよう、
賞味期限を上下逆さに
ラベリング。

ングストックしたいと考え、我が家では金曜日を思い切って「インスタントの日」としました。これが家族に好評で、「来週はどれにしようかな」と楽しみにしています。

料理が作れないというネガティブな理由でなく、「非常食を常に新鮮に保つため」という大義名分があるので、1週間に1度くらいは良いと思います。

ホームベーカリーをやめてみた

「朝、焼きたてパンの香りで目覚めたい」

そんな憧れ、私にもありました。

米粉パンがブームと知ればパナソニックの「ゴパン」という最新機器を衝動買い。ついには、パン教室さながら手ごねフランスパンに挑戦。想像以上に形を整えるのが難しく、私は汗だく、夫はあきれ顔。

20回以上挑戦した結果「パンはパン屋で買うのが一番」となり、背伸びをやめたのです。

今、仕事で毎日のように自宅に来客があるのですが、背伸びをやめてから、本当に自然体になることができました。おもてなしも、やりすぎると「私もこのレベルでやらなきゃいけないのかな……」と思われてしまいます。その点、私はまったく気を使わないレベルなのが、かえって気楽なのかもしれません。

13年間使った洗濯機をやめてみた

家事の中で最もやる手順が多い作業、それが「洗濯」です。

- 洗濯機に入れる
- 洗濯機を動かす
- 洗濯物を干す
- 洗濯物を取り込む
- 洗濯物をたたむ
- 洗濯物をクローゼット・引き出しに戻す

この６つの手順をどうすれば効率よく進められるか。私は、これを1分単位で短くする方法を考え続けていたのですが、やはり世の中の最新家電にはかないません。

今年、我が家は13年間使っていた洗濯機を手放し、パナソニック製のドラム式洗濯機に買い替えました。

洗濯から乾燥まで行っても、電気代は13年前の洗濯だけの頃とほぼ同じ。この洗濯機を買って以来、私の洗濯の概念は１８０度変わりました。

我が家のドラム式洗濯乾燥機、パナソニックNA-VX9600L。

まず、洗濯時間に驚きです。

洗濯物を入れ、スイッチオンから乾燥終了までたったの98分！　少なめの量なら60分ほどで終わります。つまり、お風呂にのんびり入って髪を乾かしているうちに、すべて終わっているのです。ナイトモードで予約しておけば朝には乾いているので、我が家では昨日と同じ下着を今日も清潔な状態で着ることができます。

だから、たたむ必要もありません。朝起きて洗濯機から下着だけ取り出し、そのままリビングにポイッと投げます（笑）。たたむのは、タオル類、パンツ、パジャマ、大人の服だけ。これで13分もの時短になりました。

干す必要がなくなったことで、次のアイテムを手放すことができました。

- **洗濯用ハンガー**
- **洗濯かご**
- **洗濯ばさみ**

今まで洗濯物を干していたバルコニーのスペースが空いたので、ガーデニングに挑戦したり、子どもたちの水遊びスペースを作ったり……。リビングから見える外の景色がガラッと変わりました。

子どもたちによるバルコニーの花への水やりが日課に。

座って洗濯物をたたむのをやめてみた

皆さんは、洗濯物をたたむ時、どんな格好で畳んでいますか？

実験してみたところ、立ったままたたむと2分30秒も短縮できました（PART3のコラム参照）。

ポイントは、ハンガーのまま、もしくは洗濯物ピンチにつるしたまま取り込むこと。これでひとつ取り外しては、立ったままひとつたたむのです。収納場所へ歩きながらたたむと、さらに3分短縮できました。少し慣れが必要ですが、練習する価値はありますよ。

下着コレクションをやめてみた

例えば、靴下。全部同じ色・柄・サイズなら、洗う時もたたむ時も取り出す時も履く時も、ペアになるかを確認しなくてすむ。そのことに気づいてから、すべて無印良品の黒で統一するようになりました。

例えばアンダーウェア。女性の場合は上下で色・柄を揃えるケースが多いと思います。私自身もう若くないこともありますが（笑）、こういうセットで使うモノに関しては、同じ種類のモノを揃えるようにしています。飽きませんか？　とたまに聞かれますが、基本的に3か月で買い替えるため、そこで気分転換を行っています。夏場は透けることを想定した色味。冬場はヒートテックの色味と合わせたりしています。

また、以前は子どもたちのパンツや靴下をたたみながら「これは長男と次男、どっちのだっけ？」と迷うことがよくありました。案の定、畳んだ洗濯物を収納するときにサイズを確認するタイムロスが発生しますし、子どもたちから「また間違ってたよ！」とクレームがくることもしばしば。そこで、

・**長男……濃い色の下着**
・**次男……薄い色の下着**

で分けたところ、迷うことが一切なくなりました。

ずいぶん探して見つけた、ベルメゾン製のシンプルな子ども下着（上：靴下、下：ボクサーブリーフ）。不要な空き箱をハサミでカットして使っています。

トピック❷ 整頓（SEITON）

トヨタの5Sでいう「整頓」とは「必要なもの」を「必要なとき」に「必要なだけ」取り出せるようにすること。これを家事に置き換えると、こうなります。

「いつでも使えるように準備しておく」

私が時短家事に効果的だと感じて続けている「準備」をご紹介します。

料理の下ごしらえを攻めてみた

私は、週2回の買いモノから帰宅したら約25分間、食事の下ごしらえを行います。

〈お米の準備〉

5kgのお米を買ったら、最初に4合ずつスーパーのナイロン袋に小分けにします。4合だと9袋できます。そして、冷蔵庫の野菜室に収納。ご飯を炊く時に毎回1袋ずつ取り出し、袋の底を破いて土鍋に流し込みます。

「今日はご飯を作るの面倒だな……」そんな時はすぐにファミレスが頭をよぎる私ですが、お米をこの収納形式にしてから、ご飯を炊くことへのハードルがずいぶん下がりました。

この収納形式は、小麦粉にも使えます。私は小麦粉100gにベーキングパウダー小さじ1杯を入れた状態でナイロン袋に小分けにしています。このおかげで、ホットケーキミックスを買わなくてもよくなりました。

お米を袋分けする作業は子どもも大好き。

〈野菜は基本的に冷凍庫へ〉

我が家の冷蔵庫野菜室に入っているモノは、次の3つだけです。

- **サラダ用の葉野菜**
- **キュウリ**
- **玉ネギ（皮をむいてラップでくるんだもの）**

それ以外の野菜は、すべて下ごしらえをしたのちに冷凍しています。その中でも、これは冷凍すべき！という野菜をご紹介します。

・トマト

まるごとジップロックに入れて冷凍します。冷凍するだけで旨味が凝縮され、調理に使うときも味がしみ込みやすくなります。さらに、解凍時に水につけると皮が簡単にむけるのでスープやソースを作る時短にもなります。

プチトマトは、凍ったままお弁当に入れれば、保冷剤替わりになるので便利です。

・ピーマン・パプリカ

食べやすい大きさにカットして（種とヘタは取り除く）、生のまま冷凍します。使う時は凍ったままフライパンへ。ピーマンは一度冷凍すると苦みが少し和らぐこと、ご存じでしたか？お子様がいらっしゃる方は、ぜひ試してみてください。

・キノコ類

まいたけ、エリンギ、えのき、しめじなどは適当な大きさにカットして「ミックスキノコ」にして冷凍します。きのこは冷凍すると旨味がアップするだけでなく、栄養素も取り込みやすくなります。使うときは、解凍せずに凍ったまま使いたい分量だけパキッと折って使えるのでとっても便利。

・**ニンジン**

ニンジンはせん切りにして保存。自然解凍でサラダやマリネにしたり、凍ったままきんぴらや野菜炒めに使います。

・**大根**

おすすめなのが、大根おろしにしてから保存すること。ジップロックが、なるべく薄く均一の厚みになるようにするのがコツです。焼き魚に添える、といった時、凍ったままの大根おろしをパキッと折って使えます。ショウガのすりおろしにも応用できますよ。

・**ホウレン草・小松菜・チンゲン菜**

生のまま、適度な大きさにカットして冷凍保存します。冷凍室スペースに余裕がない方は、一度湯通ししてみてください。こうすることでカサがグッと小さくなります。

こういったひと手間のおかげで、夕食準備には毎晩たったの17分しかかかっていません。調理中に包丁とまな板は使わないので、日々の後片づけもラクちん。一般の主婦の方は、45分ほどかけて食事を作っているようです（163ページ参照）。

冷凍した野菜はスライド式ジッパーに。
中身が見えて開閉しやすい。

毎日使う食器を平置きしてみた

毎日使う食器は重ねずに平置き収納することで、時短効果がグンと高まります。

- **取り出しやすい**
- **戻しやすい**
- **迷わない**

我が家で毎日使う食器は「グラス」と「食品保存容器」の2つ。

グラスは、デュラレックスのピカルディ250

ccタイプを愛用しています。カフェでもよく使われているので、皆さんも一度はご覧になったことがあると思います。耐熱グラスなので飲み物を選びません。また、口が広いのでヨーグルトを入れたり、夏にはかき氷の器にも使えます。全面強化ガラス製品なので電子レンジにも対応していますし、うっかり落としてもめったに割れません。そして何より、お値段がお手頃です。

この収納にしてから、子どもが自分で出し入れしてくれるようになりました。

我が家で愛用している食品保存容器は、iwakiのパック&レンジです。フタをしたまま電子レンジOK、フタを外せばオーブンOKの優れモノ。

・**大サイズ**……電子レンジ調理用として使い、そのまま大皿がわりにしています。余ったらフタをして冷蔵庫へ。この流れのおかげで、洗いモノを格段に減らせます。

容易とフタを分けて収納することで、ストレスがグッと減りました。

・**中サイズ**……このサイズでよく使うのがオーブン料理。1人サイズのグラタンにピッタリの大きさです。また、パウンドケーキの型代わりに使うのもおすすめです。

全体に薄くサラダ油を塗っておけば、クッキングペーパーいらず。ポトラックパーティなどに容器のまま持って行けます。

・**小サイズ**……佃煮や漬物などを入れるのに重宝します。付け合わせのソースを作る時のボウル代わりにもなります。

ちなみに、この保存容器のフタを使うのは「電子レンジに入れる」もしくは「冷蔵庫に入れる」時だけ。なので、容器とフタは一緒に収納しません。我が家では、フタはラップを収納しているところに置いてあります。

ゴミ捨てを攻めてみた

私が開催している片づけ講座では、我が家のキッチンをすみずみまで見てもらうのですが、その時に必ず聞かれることがあります。

「ゴミはどうしているんですか？」

そう、我が家のゴミ箱はキッチン1か所のみ。しかも、可燃ゴミ用のゴミ箱しかありません。「プラごみは？ 不燃は？ 缶は？」と、皆さん矢継ぎばやに質問されます。

私は、基本的に週に2回のゴミの日の前日に買いモノに行きます。そして、「冷蔵庫に食材を入れる前」にゴミを分別してしまいます。

例えば、プラスチックケースに入っているイチゴは洗ってヘタを取り、タッパーに入れてから冷蔵庫に入れます。缶ビールは、飲んだ翌日に近くのスーパーにある回収ボックスに入れに行きます。何十本も溜めてからゴミを出すのではなく、翌日には家の外に出してしまうのです。できる地域、できない地域がありますので、ぜひ調べてみてください。

冷蔵庫横のゴミ箱は、コストコで購入。自動開閉式なので、捨てるのが楽チン。

片づけが苦手な方に共通しているのが、ゴミを処分することに受け身であること。

「次の回収日は1か月後だから……」という姿勢。「自分のことだ」と思った方、多いのではありませんか？　その結果、キッチンが「〇〇専用ゴミ箱」だらけになってしまうのです。〇〇用ゴミ箱が5つ以上ある人は、ぜひ「攻めのゴミ捨て」へ転じてみてください。

トピック③ 清掃（SEISOU）

トヨタの5Sでいう「清掃」とは「キレイに掃除する」「日常的に使うモノを汚れないようにする」ということ。これを家事に置き換えると、こうなります。

「掃除を時短するための工夫」

ガスコンロをやめてみた

これは皆さん驚かれますが、土鍋炊飯とやかんでの湯沸かし以外に、コンロを使うのをやめました。

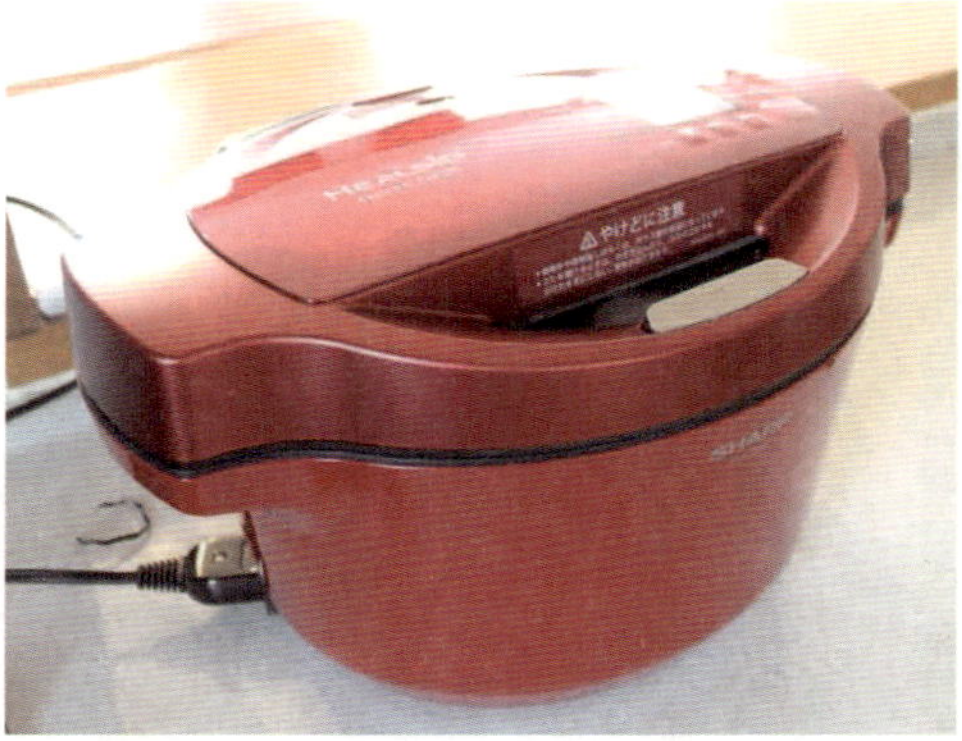

電気調理鍋で唯一無水調理が可能な「SHARP ヘルシオホットクック」。

- **電気調理鍋で主菜作り**
- **電子レンジ調理で副菜作り**

このスタイルにしてから、調理時間をさらに7分減らすことができ、私の料理に対する概念が180度変わりました。なぜさらに時短できたのか？ 理由は次の3つです。

理由❶ 掃除がいらない

結局、私が料理が苦手な理由は「飛び散った油の拭き掃除や、調理器具の後片づけが面倒くさい」につきます。その時間が一気に短縮できました。

理由❷　調理時間が短い

これは特に電子レンジ調理においてですが、本当に短い！

今まで使っていた圧力鍋でも充分短く感じていましたが、副菜1品3分ほど。圧倒的です。冷蔵庫の常備菜を食べる分だけ温めるのと同じくらいの時間で、1品できてしまうのです。おかげで、我が家は何日も同じものを食べる常備菜生活とサヨナラできました。

理由❸　調理中にキッチンが暑くならない

夏場は特に、「こんな暑いところで料理なんてできるか〜」という思いがありましたが、この調理法に変えてからストレスフリーになりました。

掃除機をやめてみた

お客様から「『ついで掃除』ってどうやってするんですか？」という質問もよく受けます。

私がやっている掃除は、実はすべて「ついで掃除」。ポイントは、たったの2つ。

ほうきは長男担当。次男は、掃除機をおもちゃ代わりに。

・気になった時にすぐやる
・汚れているところだけやる

以前は、床掃除は1日に1回、部屋の隅から掃除機をダーッとかけていたのですが、どうしてもやり残しが出てきます。これは、掃除機だと「ゴミを取った」という感触がわかりづらいからだと考え、掃除機を手放し、ほうきとちりとりに変えました。

すると、気になった時にすぐに取りかかれて、目でしっかり汚れているところを探しながら掃除できるため、ゴミの取り残しが激減。これで、床掃除が3分短縮できました。こと床のホコリ取りの精度については、ダイソンよりもほうきの方が上だと考えています。

お出かけ時にブラーバのスイッチをON。
床や畳の微妙な段差も検知してくれるので安心です。

雑巾・ダスターをやめてみた

以前は、3日に1回15分ほど、すみずみまで床と窓を拭いていました。

これを短縮するために、最新家電iRobotの「ブラーバ」を導入。これにより、雑巾や衣類の切れ端をストックするのを一切やめることができました。

ブラーバを「ウェットモード」にして外出のタイミングで2時間ほど走らせたら、コストコのキッチンペーパーに「セスキ炭酸ソーダ」をつけ、ブラーバで取り切れなかった汚れをサッと拭いて捨てるだけ。これにしてから、私が楽になったことはもちろん、家族も自分で拭いてくれるようになりました。

意外に大事なのが、拭くモノにこだわらないこと。例えば、朝の洗顔でフェイスタオルを使った後、鏡や洗面台をサッと拭く。ここは雑巾、ここは鏡用のタオル、という固定観念が「ついで掃除」のやる気を奪ってしまうのです。

シンクの中を空っぽにしてみた

毎日必ず汚れが発生する場所がキッチンシンク。シンクには洗剤・スポンジ・三角コーナーを置いている方が多いと思います。私は洗剤やスポンジの使い方を考え直し、それらをすべて置かないことでシンク自体の掃除の時短を図りました。

〈洗剤〉

重曹と食器用洗剤を併用しています。水筒など、細部に汚れがたまりやすいモノや食洗器には「オキシクリーン」を。これらはシンク下に収納し、必要な時だけ取り出します。

〈スポンジ〉

食器用のスポンジには、便座の20万倍もの雑菌がいるそうです。なので、本来はこまめに殺菌消毒をすべきなのですが、ズボラな私は目に見えないのをいいことに、ついついサボりがちでした。

メラミンスポンジは100円ショップで30個入りをまとめて購入。

子どもが生まれてからは「いい加減何とかしないと」とあれこれ試すうちに、最終的にスポンジを全部「メラミンスポンジ」に変えることで解決しました。メラミンスポンジは、

・水だけで落ちる

・茶渋もサッとなでるだけでキレイになる

といいことづくめです（漆塗りやプラスチックに絵が印刷されたもの、木製トレーなど使用できないものもあるので注意してください）。

また、このスポンジは使っていると、みるみる小さくなっていきます。1日の終わりにはコンロ回りとシンクをサッと磨いてゴミ箱へ。これで衛

生的にも安心かつ置き場所も必要ありません。しかも1日10円程度です。

〈シンクのフタ〉

最後に、シンクのフタも手放しました。

夜寝る前、シンクに重曹とクエン酸を降りかければ、翌朝には汚れも臭いもスッキリ取れています。

これを手放したことで、排水溝のゴミ受けが「見える化」したため、気づくたびにゴミを捨てるようになり、排水溝のぬめりがなくなりました。

また、以前はお弁当用のピックのような小さいパーツがゴミ受けに入り込み、知らずに生ごみと一緒に捨ててしまうことがありましたが、これも解決しました。

フタを捨てると排水管の臭いが気になるかと心配していましたが、今のところ感じられません。

■トピック④清潔（SEIKETSU）

トヨタの5Sでいう「清潔」とは「整理・整頓・

清掃された状態を維持する」こと。これを時短家事に置き換えると、こうなります。

「時短家事を楽しんで続けるための工夫」

私が、楽しんで時短家事に取り組むために行っていることをご紹介します。

早寝早起きで「ひとりの時間」を確保する

私はふだん、夜は22時にベッドに入り、朝の４時に起きるようにしています。起きたら、夫や子どもたちが起きる前に、自分だけの時間を２時間ほど楽しみます。これには、３つのメリットがあります。

メリット❶　充実した一日を始められる

朝一番に自分にとってプラスになることをやっているので、「朝から満足した〜」という充実感を感じながら一日を始めることができます。その充実感を味わうために早起きするので、朝起きるのが苦にならなくなります。

ポイントは「淹れたてのコーヒーを飲む」「お気に入りの本を読む」など、自分がワクワクすることを何種類か用意しておくこと。私の場合、天気の良い日は外を3㎞走り、走る気分ではない日は友人に手紙を書いたり、大好きな編み物をして過ごしています。

メリット❷　時間制限があるから集中できる

以前は、自分の時間は夜に設けていました。すでに1日活動した後で疲れているということと、夜はつい夜ふかししてしまい、本を読みながらソファで寝落ちしてしまったりしがちですが、朝であれば「子どもを幼稚園に送りに行く7時まで」というように、明確に時間を区切る必要があるため、集中して活動できます。

メリット❸　せっかく早起きしたのでダラダラしなくなる

「朝頑張って早起きしても、昨日録画したTVを観るくらいしかやることがない」という方、要注意です。せっかく起きたのだから有意義に過ごしたいと思った時に、TVやネットサーフィンという選択肢はもったいないですよね。

毎日ひとつだけ特別なことをする

花を植え替える・窓を徹底的に拭く・インテリアを配置換えするなど、「家族が気づいてくれること」を毎日ひとつだけやるようにします。

床のホコリを取ったくらいでは、家族は気づいてくれません。気づいてもらうために一生懸命やるのです。我が家では、「さて、今日の我が家は昨日と何が変わったでしょう?」というクイズが、子どもたちの帰宅後の楽しみにもなっています。

一人暮らしの方なら、ツイッターやフェイスブック、インスタグラムなどのSNSに「今日やったこと」をアップするのもいいでしょう。お友達や見ず知らずの方から「すごいですね」「私もやってみます」といったコメントをもらうと、やる気になりますよね。

「あと3日生き抜く!」バーチャルサバイバルのススメ

これは、「いつもならこのタイミングで食材を買いに行く」という日から、さらに3日間買わずに粘るというものです。ふだんは気にしませんが、「買いモノに行く」というアクションには相当な時間が必要です。それに加えて下ごしらえ、冷蔵庫に入れる、ゴミを捨てる……と考えるとなおさらです。

そこで、家にあるあらゆる食材を集め、「どうすればあと3日間やっていけるか」「この食材とこの食材を組み合わせたら？」と、ふだんやらないアレンジに挑戦してみるのです。

これが意外に楽しい！　買いモノに行かないので節約になるし、賞味期限が切れそうだった缶詰なども効率よく使えるので、月に1度はやってみることをおすすめします。

家事の目標時間をセットする

私は毎日、「ひとり家事タイムトライアル」を行っています。

例えば、朝8時～9時の1時間でタイマーをセットし、朝の家事をどこまで終わらせることができるか？　を計測するのです。

- **洗濯物をたたんで収納する**
- **食洗機の中の食器をパントリーにしまう**
- **掃き掃除をする**
- **拭き掃除をする**

・自分のメイクと着替えをすませる
・次男の朝ごはんと登園の準備をする

今日は、ここでタイムアップでした。ガチガチにやることを縛るのではなく、その日の体調などに臨機応変に対応しながら、今日はこの順番にやると効率がいいかな？とトライ&エラーを繰り返しています。

この光景が家族に「ママは毎日頑張ってる」と映るようで、少しずつ「手伝おうか」と声をかけられるようになってきました。私はゲーム感覚でやっているので、一石二鳥です。

トピック⑤しつけ（SHITSUKE）

これまで「時短家事の5S」のうち、整理・整頓・清掃・清潔を紹介してきましたが、ここでひとつの落とし穴に気づきました。それは、家事を短縮して生み出した貴重な時間を「余暇」に使ってしまいがちなことです。

会社勤めをされたことのある方ならうなずいてもらえると思いますが、会社では、5Sによって短縮した時間を他の仕事に割りあてます。しかし、家庭では自分磨きではなくTVのダラ見やスマホゲームなど、無限に時間を使うことができてしまうのです。これではいくら時間を作っても効果がありません。

そこで、「時短家事の5S」の最後はしつけです。

トヨタの5Sでいう「しつけ」とは整理・整頓・清掃のルールを守る、ということ。これを「時短家事の5S」に置き換えると、こうなります。

「時短家事を行うために、時間の使い方にルールを設ける」

寝る前のスマホをやめたら朝、自然に目が覚めた

「目覚まし代わり」という理由で、寝る時はスマホを必ず枕元に置いていました。

でも、つい枕元でネットサーフィンが長引いて寝る時間が削られたり、ふと夜中に時間が気になって目が覚めたりと、マイナスの方が多かったと記憶しています。

そんな時、「スマホは寝室に持ち込まない」という友人の話を聞き、とても驚きました。

さっそく、私もその日からやってみることに。今で半年近くたちますが、これが本当に快適。目覚ましをかけなくても、朝自然に目が覚めるようになりました。

夜のダラダラ時間がなくなったことでスムーズに眠れることもありますが、「目覚ましが鳴ったら起きる」パブロフの犬状態ではなく、「自分で起きるんだ！」という意志が、自然と目を覚ませてくれるように思います。

リビング以外にTVを置けば、必要以上に見なくなる

我が家は、リビングにTVを置いていません。

「どうすれば、TVをリビングに置かなくてよくなりますか？」

「私はいいけど、夫がTV大好きなのでムリだと思います」

そんな方に、私は次の3ステップをお伝えしています。

ステップ❶　TVの真正面にイス・ソファを置かない

TVの真正面にソファやイスを置いている家がほとんどだと思います。

この位置を、真正面からずらしてみてください。家の広さにもよりますが、30度傾けるだけで、TVを観る時間がグンと減るはずです。

ステップ❷　録画番組を観る

リアルタイムでTVを観ていると、次から次へとエンドレスで観てしまいがち。そこで、原則として録画した番組だけを観るようにします。最初のうちは違和感を感じても、2週間もすれば、「忙しくてもこれだけは観たい」という番組が決まってくるはずです。

ステップ❸　TVをほかの部屋に移動する

ステップ❶と❷を実行して1か月ほど経ったら、「家に着いたらまずTV」ではなくなってきたことに気づくと思います。そうなったら、いよいよTVをリビングから撤去します。ほかの部屋に置く場合、先ほどとは逆に、TVの真正面にソファやイスを置き、他の荷物は極力置かないようにしましょう。こうすることで、本当に観たい番組だけを集中して観ることができます。これで、私はTVを観る時間が一日30分以下になりました。

家族で使う書類は、携帯アプリでらくらく共有

仕事ではきちんと部署のメンバーとスケジュールを共有しているのに、プライベートで

nifty社による無料アプリ「おたよりBOX」。

は全然、ということはありませんか？　家族と暮らしているのなら、休日を有効に使うためにも、「家族間でのスケジュール共有」をおすすめします。

我が家では、「おたよりＢＯＸ」というアプリを使い、夫婦間でスケジュールを共有しています。このアプリでやることはただ一つ。アプリ内のスケジュール帳に画像やメモを貼りつけるだけ。

例えば、子どもの運動会の予定が書かれたプリントなどはスマホで撮影して「おたよりＢＯＸ」に保存しておけば、夫から「あれ？　運動会っていつだっけ？」「運動会の持ちモノって何だっけ？」といった質問もなくなります。

つい先日、こんなことがありました。私が第３子の出産で予定より早く入院することになったのですが、そこに運悪く長男の学校行事が。そんな時も、家のことを代わってくれていた夫に、「詳細はおたよりＢＯＸのプリントを見てね」と言うだけで伝わり、大助かり。

よく、「紙の書類を捨てて、データが消えてしまったらどうするんですか？」と言われますが、紙をなくしてしまう方がよほど可能性が高いですし、念のためにバックアップをとっておけばより安心です。

買いモノ依存症から抜け出すために

片づけが苦手な方は、基本的に買いモノによる自己満足に依存しがちな傾向があります。次のチェックシートで、買いモノ依存度をチェックしてみましょう。

このチェック項目は、私が実際に片づけをサポートしたお客様にお聞きした「買いモノ好き」の傾向から作成したものです。私は対象となる項目は2つでした。

もしあなたが「食材の鮮度を何よりも重視する」方であれば、毎日でも買いモノに行ってもいいでしょう。しかしそうではなく、冷蔵庫にはそれなりに食べ物が入っているにもかかわらず週に3回以上買いモノに行くという方は、回数を見直してみる価値があります。

買いモノ依存度チェックシート

A

- 冷蔵庫の中身を確認せずに買いモノに行ってしまう
- 扉の前にモノがあるせいで全開にできない収納がある
- 在庫があることを知らずにモノを買ってしまうことが多い
- 単なるモノ置きと化している部屋がある
- お土産は人数分ではなく、多めに買う
- 消耗品がなくなりそうになると、とても焦る
- 自他共に認める「貯金できない病」

B

- 100円ショップで、予定していたモノ以外まで買ってしまう
- 家には便利グッズがたくさんある
- おまけや粗品が家にたくさんある
- 「ここでしか買えない」という言葉に弱い
- クーポンや割引券などはとりあえず取っておく
- 基本的にセール品ばかりを狙って買う
- 気に入っていないのに使い続けているモノがたくさんある

C

- 買ったのに封を開けていないモノがたくさんある
- 同じ用途のモノでも、人気だといわれると買ってしまう
- 買うモノが決まっていないのに、ネットで皮算用するのが好き
- ネット通販で定期購入しているモノが3つ以上ある
- 自分に足りないモノばかりに目がいく
- 自分は買いモノでストレス発散していると感じる
- 「お似合いですよ」と言われるとつい買ってしまう

D

- なんでも形（モノ）から入るタイプ
- トレンドや流行りモノに敏感
- ひとつのことに熱中しやすく、冷めやすい
- 衝動買いが多い
- トライアルセットや初回限定セットに弱い
- 日用品よりも娯楽にお金を費すのが好き
- 使いかけのモノがあちこちにある

いくらモノを減らして片づけたとしても、買いモノの傾向が変わらない限り、いずれリバウンドしてしまいます。私はお客様に次のようなお話をして、今後の買いモノのしかたを考えてもらうようにしています。

Aが多かった人……「在庫がないと安心できない」タイプ
↓ネットスーパーを活用する

2016年3月の時点で、東京都内のコンビニの数は7千5百店舗以上。一番少ない鳥取県でも230店舗ほどあります。正直、コンビニがあれば、ふだんの暮らしで困ることはほとんどないと言っていいくらいです。

さらに、ネット通販の物流の速さも年々加速しています。2015年、楽天が東京都内の一部の地域で特定商品が最短20分で配送されるサービスを開始したほか、アマゾンジャパンでは1万8千点の商品に関して、これまた東京都内の限定エリアではありますが、購入後1時間以内に届く「プライムナウ」というサービスを始めました。

ネットスーパー「SEIYU ドットコム」は、2015年3月時点で利用者が100万人を突破しています。実際に家の在庫状況を確認しながら購入でき、こんなに短時間で受け取れるのであれば、利用しない手はありません。

Bが多かった人……「便利・お得なモノが好き」タイプ
↓もう1回同じモノを買いたいか？

「専用」や「お得」という言葉は、ヒトの購入意欲をかきたてます。そこで、モノを購入する時に、言葉をこう置き換えてみてはどうでしょうか。

「便利」↓「〇〇に困っている」

当たり前ですが、職場で備品を購入する時は、購入理由を明確にする必要があります。理由に「便利だから」なんて書いても通りませんよね。それと同じで、モノを買う時は、便利だから買うのではなく、「〇〇という問題を解消するために買う」と考えてみましょう。具体的に困っていることが、最低2つは思いつきますか？　これをふまえて、我が家が購入したモノの例をあげます。

我が家では、ふだんの飲み物としてコストコで炭酸水を購入していました。

- **500mlペットボトル1本あたり80円ほどでコスパがいい**
- **ジュースを買わなくなるので、買いモノ袋が軽くなる**
- **炭酸水ならたくさん飲んでも太らない**

など、いろいろメリットがあったからです。しかし、次のようなデメリットがしだいにストレスに感じられるようになってきました。

- **運ぶのが大変**
- **ストックの場所が必要**
- **ペットボトルを捨てるのが面倒**

水はもちろん、ジュースやお酒も炭酸入りにできる「ツイスパソーダ」。水道水を「ブリタの浄水器」でろ過してから使っています。

そこで何かいい方法はないか夫と考えたところ、「家で炭酸水が作れたらいいよね」という話になりました。

ネットで検索するといろいろな炭酸水メーカーが発売されていたので、メーカー比較を徹底的に行い、「ツイスパソーダ」という商品を購入しました。

これにより、3つのデメリットが解消され、見事「2014年度・我が家のベストバイ第

1位」に選ばれました。もし故障しても、絶対に同じものを買い直します。

仮に、あなたが営業職だったとします。自社の製品に対し「お買い得」な値段を設定するには、それなりの理由があるはずです。

- **競合メーカーに水を空けられている**
- **高い値段に設定していた**
- **もうすぐ新作が出るので在庫処分したい**

などなど。普通は戦略もなく「お得」な値段にはしません。「お得」と聞いたら「何か裏の理由がある」「適正料金になっただけ」と考えるようにしてみてください。

Cが多かった人……「買って満足」タイプ

↓送料対策をやめる

通販好きな人にありがちなのが、送料対策として「どうせ使うのだから、3セット買っておこう」と買って結局余らせてしまうこと。これには3つのデメリットがあります。

デメリット❶　ストック分の「保管料」がかかる

例えば、サイズ60の段ボール1個分の宅配便があったとします。

それをそのまま1か月リビングの隅に置いておくと、保管料（土地代）として約600円（都内だと800円くらい）かかる計算になります。これと送料を天秤にかけて、本当にたくさん買っておいたほうがお得なのかどうかを考えてみてください。

デメリット❷　たくさんあると扱いが雑になる

モノが大量にあると、つい雑に扱ったり、ムダに量を使ってしまうこと、ありませんか？

逆に、ひとつだけしか持っていなければ、大事に扱わざるをえませんよね。

先ほど「モノを大切に使うことは頻繁に使うこと」とお話ししましたが、もちろん雑に使うことではありません。だからこそ、今使っているモノだけを持ってほしいのです。

デメリット❸　人はいつか「飽きる」生き物

「私には今の化粧品が最高！　ずっとこれを使うわ」

買う時はそう思います。ですが、今回あなたがその化粧品を買ってみようと思ったように、いつかは他の商品を買ってみようと思うはずです。その時に、このストックを使い切ってから買う、と強い意志をもって言えますか？

■Dが多かった人……「趣味が多い」タイプ

↓やる時間をどうやって確保するかを考える

PART2で「昨日の24時間を1時間単位で思い出す」という項目があったのを覚えていますか？「やりたいことがたくさんあって片づけられない」という人は、まず自分の時間をしっかり片づける必要があります。

❶自分の時間を片づけ、1日10分部屋を片づける時間を確保する

❷部屋を片づけると、自由な時間を生み出せる

❸生み出した時間でやりたいことをする

❸の状態を無理なくキープできるようになってから、モノの購入に踏み切ることをおすすめします。部屋のすみに転がっている健康器具があるのに、また新しい筋トレ商品を買ってしまっては、モノも脂肪も堂々めぐり。今の時間の使い方ではモノは生かされない、ということに気づいてほしいのです。

COLUMN

香村式・子どものおもちゃの減らし方

我が家でのタイミングは、誕生日前とクリスマス前の年2回。子どもには「新しく来るおもちゃのスペースを作ってあげよう！」と、声がけすると効果的です。

＊ 全部出す

おもちゃを減らす時、おもちゃ箱ひとつずつ始めようとする方がいます。ちょっと待った！ とにかく持っているおもちゃは全部出しましょう。たくさんのおもちゃを一度に目の前にすることで、子どもたちに「自分はこんなにおもちゃを持っているんだ」という安心感が生まれ、少しくらい減らしても大丈夫！ という気持ちになるのです。

＊ 分ける

いるモノといらないモノに分ける時、おもちゃを子どもに触らせるのはNG。触ったら最後、遊び始めて収拾がつかなくなってしまいます。必ず親が手に取って「これはどう？」と、ひとつずつ聞いていきましょう。判断するのはすべて子ども。親の理由で口出しは厳禁です。要る・要らないの2択ではなく、「わからない→置いておく」という選択肢も用意するとスムーズに進みますよ。

＊ 戻す

おもちゃを片づける時は、よく使う「1軍」だけを見える場所に、あまり使わない「2軍」は子どもの手の届かないところにしまいましょう。我が家では、1軍は「家族全員で片づけて5分で終わる量」にしています。MAXにちらかしても5分でリセットできると思えば、親も気が楽になります。そして、家に一日中いる時や子どもからリクエストがあった時に満を持して2軍を出してあげると、新品のおもちゃを買ってもらった時のように大喜びしてくれます。

その時に子どもの要望で2軍から1軍に昇格するおもちゃがあれば、逆に降格するおもちゃも用意すること。「5分」という決めた数字は守ることがポイントです。

PART 6 「カイゼン」でリバウンドゼロをキープする

「しくみのカイゼン」だけがキレイのキープを可能にする

トヨタには、よく知られた「カイゼン」という言葉があります。「見える化」「ムダ取り」「標準作業」など、トヨタグループ独自の取り組みを「より良くするために工夫して効率アップにつなげる」行為を表した言葉で、英語圏でもそのまま「KAIZEN」として使われています。

グループ内でよく使われる例として、「ライン工程を飛行機のコクピット化するカイゼン」があります。コクピット内の計器のように自分の手の届く範囲に必要な部品を並べ、手に取る部品は取りやすい位置に置いておく。目でもしっかり確認するため、時間のロスとミスを同時に減らすことができるのです。

「カイゼン」といえば一義的に「モノの配置などで画期的なしくみを作ること」と捉えられがちですが、「本当に大切なのは、日々カイゼンを考える体質になることだ」と上司によくいわれたものです。

では、これを家の片づけに置き換えるとどうなるでしょうか。

トヨタグループの「カイゼン」

作業の工夫による効率化

おうち片づけの「カイゼン」

収納の工夫による片づけの維持

・使いにくいけど、とりあえずそのまま
・一度片づけたら、あとはそのまま

こんな状態ではありませんか？　一般のご家庭では、日々に追われ、「より良くするための工夫」まで気が回らないことが多いものです。正しい工夫をすれば効率は必ずアップします。そしてそれは、よほどのことでは限界値に達しません。筋トレと同じで、最初は大変でもプラスになって返ってくるので、やらない手はないと思うのです。

私が考える「片づけの正しいカイゼン」とはこの２つ。

・毎日収納の仕方を工夫する
・日々片づけられる体質になる

ここまでできれば、もう私がお手伝いすることはありません。

どこに何を置くか――自分にとって便利な場所を見つける

お客様から、時々こう聞かれることがあります。

「片づける気はあります。どこにどう置けばいいかだけ、教えてください」

しかし、ここで「片づけロボット」になってしまっては、絶対にリバウンドします。

ですから私は、「使う人が、使うモノを、使う場所に収納すればいいんです」とお伝えするようにしています。

例えば、料理の本。皆さんはどこに収納していますか？

我が家では、料理本はリビングの収納棚に並べて置いています。

「えっ、キッチンじゃないの？」これには理由があります。

私は、ふだんの料理はキッチンで立ったまま、スマホのレシピを見ながら作ります。そして、たまに手の込んだ料理を作る時に、リビングのソファでじっくり本を読んでからとりかかります。

「料理本はキッチンに置いておくもの」と決めつけていた頃は、単なる風景になってしまいなかなか手に取る機会がなかったのですが、リビングに置くと、ふと時間がある時に手に取るようになったのです。

ですが、これはあくまでも私のケース。「そうか、料理本はリビングに置くのか！」と私の真似をする必要はありません。あなたが料理本をキッチンで見ながら料理するタイプであれば、自然とキッチンに本を置きたくなるはず。それがあなたにとって料理本の合理的な住所ということなので、それでいいのです。

つまり、PART2で考えた「この部屋で何をしたいか?」を明確にすればよいのです。そうすることでこの部屋で使うモノがわかるので、あとはそれを収納するだけです。

とっても使える「とりあえずボックス」

そういう私も、次のような時は家の中が散らかることがあります。

- **新しいことにチャレンジする時**
- **どのジャンルにも属さない「新しいモノ」を買った時**

モノが新しく家の中に入ってきた時は、どこに置くか、どこで使うか、が決まっていないので、ついついそのへんに「ポイッ」と置いてしまうのです。

私がいた職場では、データの管理において「共有ボックスは1か月まで」というルール

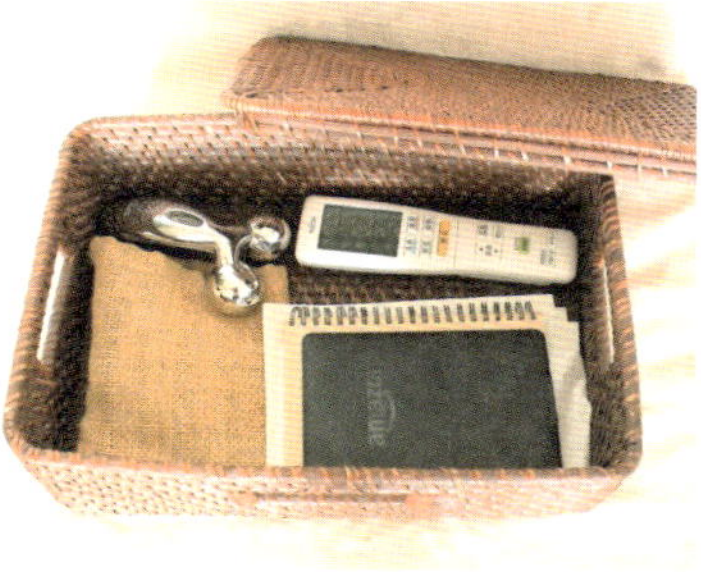

持ち運びしやすいニトリのカゴは
「とりあえずボックス」にピッタリ。

リビングの収納は開けっぱなしのことが多いので、100円ショップではなくニトリと無印良品で。

がありました。新しい取り組み事項や、どこのフォルダに属するか未決の資料に関しては「共有ボックス」に入れるのですが、1か月で自動的に削除されてしまうのです。そのため、月末には必ず見直し、要不要の判断、どこに定位置化させるかを決める必要がありました。

これを家の中に置き換えた時におすすめなのが、「とりあえずボックス」の設置です。ルールはひとつだけ、「いっぱいになったら必ず見直す」こと。

そうすることで、すべてのモノを定位置に置かなくては！というストレスから解放されるので、リビングの一角に必ずそういうスペースを確保するようにしています。

外出に必要なモノはすべて玄関に集める

使う人が、使うモノを、使う場所に収納する。

この原理原則がもっとも効果を発揮するのが「玄関」です。玄関には、「1度外に出て、忘れていることに気づいて戻ってくるモノ」を収納することをおすすめしています。

我が家の場合は、次のモノを玄関に置いているおかげで、急いでいる時に靴を脱がなくても忘れ物を手に取ることができるので便利です。

- **ハンカチ、ティッシュ、ハンドタオル**
- **マスク**
- **エコバッグ**
- **帽子、マフラー、手袋**
- **折りたたみ傘**
- **たためるサイズの上着**

特にマンション住まいの方、外に出て初めて「寒い！」と感じることがありませんか。

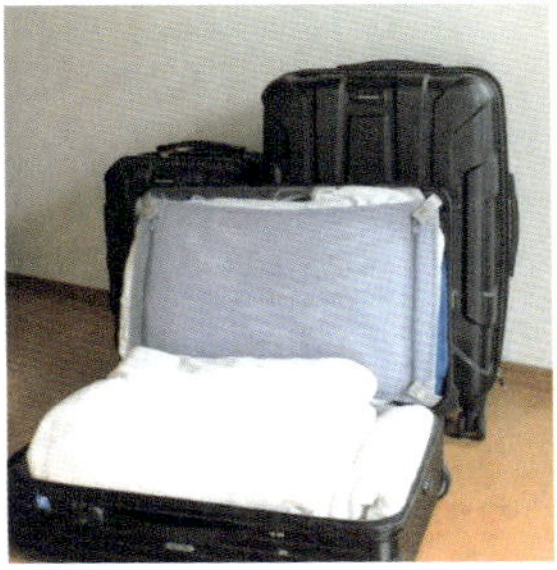

旅行用の中型スーツケースには
来客布団を収納。

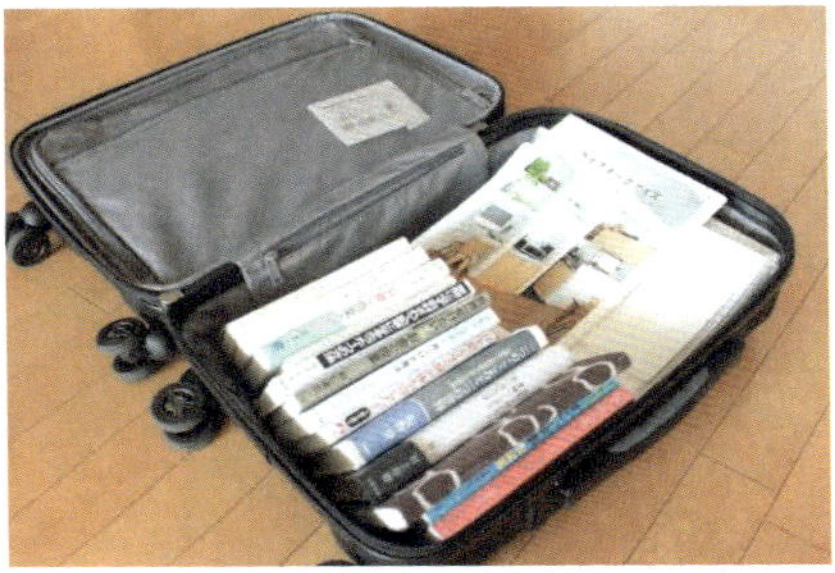

出張や講座で使う小型スーツケース。
ふだんは移動式本棚として使っています。

ちょっとした防寒具が玄関にあると、時短になって便利です。

日々の中で「あわてて取りに戻ったモノ」があった時は、忘れないうちにそのモノを玄関収納に取り入れてみてください。日々の「イラッ」が確実に減ります。

スーツケースは「移動式収納ボックス」に

皆さんのお宅にスーツケースはいくつありますか？ふだん使わないからといって、空っぽのまま納戸や押し入れに眠らせていませんか？そんな方に、ぜひ参考にしてほしい活用法を2つご紹介します。

「移動式図書館」として使う

スーツケースにはコマがついているので、重いモノを入れても移動がラクちん。

我が家では、一番小さいサイズのスーツケースを本棚がわりに使っています。家族団らんの時はリビングへゴロゴロ、寝る時は寝室へゴロゴロ。さながら移動式図書館です。

■「来客用布団圧縮ケース」として使う

頻繁に使わないけど必要な来客用布団、和室の押し入れに居座っていませんか?

我が家では、中型サイズのスーツケースに客用布団一式を収納しています。スーツケースだとわざわざ圧縮袋に入れなくてもコンパクトに収まりますし、来客時にはスーツケース自体を客間に置いておき、セルフで出してもらうようにしています。

「ゴールデンゾーン」に置くもので部屋の印象は9割決まる

人が取り出しやすく戻しやすい収納の高さは、一般的に骨盤〜肩の高さの間だといわれています。これをマーケティング用語で「ゴールデンゾーン」と呼びます。

一般的な住宅において、玄関横の棚、キッチンカウンター、ダイニングテーブルなどがこの高さにあたります。帰宅後に郵便物や携帯電話を置く場所ですね。

トヨタではこのゾーンによく使う部品を置くのですが、こと「家」においては要注意です。実は、ゴールデンゾーンは人が一番視線を向けやすい場所。ここに何を置いているかで、部屋全体の印象が決まります。

生活感のあるモノを置きがちなゴールデンゾーンには、
観葉植物を置くとおしゃれにスッキリ見せることができます。

何も置いていなければ、「すごくシンプルな部屋だな」という印象になり、北欧雑貨やお花などを飾っていると「ステキなインテリアだな」と感じるのです。逆に郵便物や書類、薬や文具など日用品を置いていると「生活感」が印象に残ります。

ですから、もし急な来客があるとわかったら、掃除機よりも先に、ゴールデンゾーンに置いた生活感のあるモノをしまうようにしましょう。

3か月に1度はリビングを模様替えする

皆さんは、どれくらいの頻度でリビングの模様替えをしていますか？

あるアンケートでは、年に1度するかしないか、という人が全体の75％という結果が出ています。私のお客様のほとんどが、例にもれずこの75％に入っています。

「片づけが苦手だから、模様替えにまで手が回らない」というご意見も多くいただきます。

私自身は、年に4回行っています。

春は、外の景色を眺められるようにソファを配置。
夏は、風通しが良くなり、エアコンの効率がアップするように配置。
秋は、来客が増えるので、ダイニングがリビングのメインになるように配置。
冬は、床暖房を最大限生かせるように配置。

というように、季節に合わせて過ごしやすくなるように家具の配置を「カイゼン」していくというわけです。

そんなこととてもムリ……という方は、まずダイニングテーブルをくるっと90度回すところから始めてみてください。

ふだんと視点が変わると、それだけで部屋にいることが楽しくなるだけでなく、テーブルの脚の下に隠れていた探しモノが見つかったりと、一石二鳥です。

毎日「片づけスイッチ」が入る体質になるために

片づけが苦手というお客様と接する中で、その場でどれだけ「片づけよう」という気になったとしても、ふだんの生活がスタートすると、急速に意欲がしぼんでしまうことがあります。私は、このことにずっと頭を悩ませてきました。

目先の家事をこなしているうちに、片づけがどうしても後回しになってしまうのです。しかし「日々片づけようとする体質」にならなければ、本当の意味で片づけのしくみが整ったとはいえません。

試行錯誤を重ね、次のような取り組みをするようになってから、お客様のやる気が持続している、と実感できるようになりました。取り組みといっても、やることはたったひとつ。「写真」に撮ること。片づけを終えたら、その状態を必ず写真に納めてください。

片づけ終了～1週間後

毎日同じ時間帯に、片づいた状態を写真に撮ります。私の場合、毎日ＬＩＮＥでお客様に必ず送ってもらっています。

最初の1週間が頑張りどころです。例え5分でできたとしても、毎日のことですから、慣れるまでは正直面倒に感じるかもしれません。

そんなときこそ「部屋が片づいたら自分は何をしたいのか？」という質問に立ち帰ってください。ようやく「やりたいことをやれる部屋」になったわけです。朝起きた時、帰宅した時に、部屋を見渡しては心が嬉しくなるでしょう。

ちなみに、「写真撮影を完璧にやったのにリバウンドしてしまった」という人を、私は見たことがありません。

2週間後

写真に撮っている光景が、あたりまえの環境になってきます。

環境が乱れると落ち着かなくなり、自然と片づけるために手が動くようになります。

片づけができたことへの満足感・達成感を感じると同時に、他の乱れているゾーンが気になってきます。

3週間後

「モノの配置が乱れたら元に戻す」ことが習慣化されるため、片づいた状態の維持が楽にできるようになります。ここまできたら、「もっと楽にするためはどうしたらいいか」を考える段階。ほかの乱れているゾーンの片づけがしたくてたまらなくなるはずです。

ここまでくると、プラスでこんな効果を感じることができます。

片づけの体質カイゼンで、探しモノが劇的に減る

片づけのカイゼンを進めていると、ふと「探しモノが減った」ことに気がつきます。

自分の探しモノだけでなく、家族から「あれどこにあるの？」と聞かれなくなります。

朝の忙しい時間にそんなことを聞かれてイライラしていた頃と一転、万が一聞かれても、

「この収納だとわかりにくいのかな？」

「どこに置いたら使いやすい？」

と、「カイゼン」の方法を相手に相談するようになります。

これこそ、あなた自身が「日々片づけようとする体質」にカイゼンしたことの証です。

余談ですが、私は「ここ数年、探しものがゼロなんです」と周囲に豪語していました。ところが、つい先日保険証がない、という事態が発生しました。あまりにも久しぶりにモノがなくなったので、少し焦ってしまったのを覚えています。でもその時、たったひとつわかっていたことがありました。それは「家の中には絶対にない」ということ。

その判断ができるだけでも、家の中を掘り返して探すムダな時間を省くことができました。結局、その時は診察に行った病院からの電話で、落としモノだとわかりました。

めざす部屋は、なりたい自分そのもの

雑誌やSNSで見るような素敵な部屋に暮らす人たちも、全員が最初からキレイな空間に住んでいたわけではありません。

そういった人たちも、毎日家の中を見回しては「どこか片づける場所はないだろうか」と探しています。毎日毎日、マメに片づけ続けているのです。

でも、それは私たち夫婦と同じで、決してイヤイヤやっているのではありません。一度片づけようとする体質になると、片づけが楽しくてたまらなくなるのです。

なぜなら、家の中をさらにカイゼンしていくことは、

- **自分の暮らしがよりラクに、快適になる**
- **自分がやりたいことをする時間が増える**

ということにほかならないからです。

「あんな部屋に住んでみたい」
「あの人みたいなライフスタイルになりたい」
という見た目から入った憧れも、本書の内容を実践することで、

- **「片づけって楽しい」と感じられる心の余裕がほしかったんだ**
- **毎日片づけられる体質になって、時間を有意義に使いたかったんだ**
- **見た目ではなく、内側から魅力が湧き出る自分になりたかったんだ**

という、「なりたい自分への本質的な憧れ」だったことに気づくでしょう。

＊ミニマリストも太鼓判！ 一生モノベストバイ（著者編）＊

第1位 「ドラム式洗濯乾燥機」

パナソニック NA-VX9600L
税込 ¥350,000

2015 年発売モデル。私はセール時に 25 万円で購入しました。この製品の特長は、以下の 5 つです。
・温水を使った泡洗浄が可能
・低温風で乾燥するので衣類が傷みにくい
・革製品など水で洗えないものも除菌消臭できる
・洗濯～乾燥までの時間が業界最短クラス
・タイマーを何時何分まで細かく設定できる
我が家の狭い洗面所にも、ギリギリ入りました。

第2位 「ガラス保存容器」

iwaki パイレックス パック & レンジ BOX
税込 ¥750 ～

ホワイトバージョンが発売されたのを機に、必要な分だけ買いそろえました。
・大…2 つ（メイン料理を入れて大皿代わりに）
・中…4 つ（オーブン料理に丁度良い大きさ）
・小…4 つ（佃煮や漬物などにピッタリの大きさ）
以上の 10 個がフル回転しています。
冷蔵庫内のスペースを効率よく使えるので、個人的には丸型よりも角型がおすすめです。

第3位 「エコ洗剤」

松の力 2ℓタイプ
税込 ¥3,218

家中の洗剤を統一したくてエコ洗剤に変えたのですが重層・クエン酸・酸素系漂白剤・セスキ炭酸と、粉モノが増えて困っていました。 そんな時に見つけたのがコレ。使ってビックリ！文字どおりの万能洗剤でした。
・とにかく用途が広い
食器洗剤、食洗器洗剤、お風呂洗剤、トイレ洗剤、床磨き、洗濯洗剤（柔軟剤いらず）、洗顔、メイク落とし、シャンプー（リンスいらず）、ハンドソープ など
・赤ちゃんでも OK（口に入れてしまっても大丈夫）
・環境に優しい

第4位 「高反発マットレス」

cellpur（セルプール）ダブルサイズ
税込 ¥81,000

2011 年にベッドからマットレスに変えたことで、
・寝る場所を臨機応変に変えられるように
・掃除がラク（以前はベッド下のホコリにゾッ）
・寝心地がいい（腰痛がない。横向きで眠れる）
我が家では 3 種類のマットレスを使っていますが、セルプールが一番人気。その理由として、
・高反発ウレタンマットレスで唯一丸洗い可能
・女性でもラクに運べる軽さ
・フローリングに直置きしても背中が痛くならない
毎日誰がセルプールを使うかでジャンケンしています。

第5位 「ワイングラス」

リーデル オーシリーズ（ピノ・ノワール用）
2個セット税込 ¥4,320

2013 年、知人にワインを教えてもらったのがきっかけ。グラスの違いで味が全然違うことを知ってからリーデルのオーシリーズで統一しました。

ワインはもちろん、炭酸水もこれで飲んだ方が おいしく感じます。夏の来客へのアイスコーヒーもこのグラスで！

食洗器に入れられるのでお手入れもラクちん。普通のワイングラスと違い、収納がコンパクトなところも◎です。

第6位 「ミルクポット（ガラス蓋付き）」

シリット社
税込 ¥21,600

ひとつだけ調理器具を選ぶなら、間違いなくコレ。
・お湯を沸かしてビックリ！
お湯が丸くなる。白湯が美味しく感じられる
・液ダレしない
360 度どこから注いでも液ダレしない
・揚げ物に最適
油が飛び散りにくく、少しの油で揚げ物ができる
・ごはんが炊ける
「圧力鍋よりおいしい」と家族に好評。加熱時間は 13 分。出しっぱなしでもイケるデザインです。

＊ミニマリストも太鼓判！ 一生モノベストバイ（夫編）＊

第1位 オーダースーツ

スーツ：オーダーメイド（¥84,240）
シャツ：オーダーメイド（¥7,980）
カシミヤセーター：ユニクロ（セールで ¥7,990）
ネクタイ：UNITED ARROWS（¥7,560）
靴：alfredoBANNISTER（¥10,260）
バッグ：頂き物

第2位 コーヒーメーカー

Nespresso ピクシークリップバンドルセット
所有モデルは現在販売終了
モデルチェンジ品は税込 ¥24,840

かつては完全にスタバ依存だった我が家。 週に1度はスタバ、スタバカードは常時持ち歩き、家でもスタバの豆を挽く生活でした。

ところが、これを買ってから一度もスタバに行っていないのです。カプセルは純正と互換性タイプなど様々比較し、結局純正が一番美味しいということで落ち着きました。一杯あたり 80 ～ 90 円程度。

第3位 マネークリップ

Aipine Swiss
税込 ¥5,750

Amazon にて購入。今まで使っていた財布には 2 点の不満がありました。
・スラックスの後ろポケットが型崩れする
・後ろポケットだと出し入れしにくい
そこで、「スラックスのサイドポケットに入る財布」ということで探して見つけたのがマネークリップ。夫が購入したのは表に定期などのカード入れがあり 裏にカード 3 枚とお札 10 枚が収納できるタイプです。

第4位 炭酸水メーカー

ツイスパソーダ スターターキット
税込 ¥7,180

セッティング後、15 秒で水を炭酸水に変えるキットです。この商品は水だけでなくカルピスをカルピスソーダにしたり、気が抜けたコーラを復活させたりもできます。

また、水の量しだいで炭酸水の強度を変えられるのも気に入っています。

我が家はカートリッジを 50 本単位で購入しているので、950 m l あたり 60 円で作ることができます。

第5位 船の旅

税込 ¥223,000 〜
（2017 年GW 8 日間・一人あたり）

2015 年のベストバイは、モノではなく旅行でした。「ダイヤモンドプリンセス号で行く日本一周の旅」これがあまりにも良かったため 2016 年は「マリナーオブ・ザ・シーズ号で行く台湾周遊の旅」へ。
船の旅のメリットは以下の 3 点。
・海上には渋滞がない（混雑ゼロ、到着時間が正確）
・大人はショーやカジノ、子どもは船中の保育園へ
・食費、移動費込みで一日 1 〜 2 万円程度
（大人 2 名・子ども 2 名計 4 名の場合）

第6位 HELTHY BACK BAG

SM Blue
税込 ¥15,300 〜

S サイズのスエードタイプを使って 7 年目。

肩にかかる重みを分散させる設計で「約 3 割軽く感じる」のが特徴。見た目以上に、モノがたくさん入ります。

内側が防水加工なのでマザーズバッグとしても使え、着る服を選ばないデザインも気に入っています。

＊ミニマリストも太鼓判！ 一生モノベストバイ（子ども編）＊

第1位

アソブロック

BASIC シリーズ エクストラパック
802EX 730 ピース
税込 ¥8,640

このおもちゃさえあれば他はいらない！
レゴや LaQ もいいけど、これが一番！の理由は
・弱い力でも組み立てが可能
・関節が動くのでロボットを作って創作遊びができる
・変形できるのでトランスフォーマー遊びができる
ということで、この3年ほど毎日これで遊んでいます。

第2位

Amazon Fire TV stick

税込 ¥4,980

Hulu、WOWWOW、U-NEXT、ひかり TV など、いろいろな動画視聴サイトを試してきましたが、これが一番！その理由は、
・視聴したい番組が多い
・価格がものすごく安い
・専用の USB スティックを挿すだけで設定完了
・Wifi 環境があればどこへでも持ち運べる
・アマゾンプライム会員は無料視聴作品が膨大
子どもの好きなアニメ（ドラえもん・ポケモン・戦隊もの）が 網羅されているので、毎日早起きして 30 分視聴するのが日課になっています。

第3位

スラックライン

現在販売終了。類似品は GIBBON 社の FITNESS RACK フィットネスラック / スラックライン。税込 ¥72,900

トランポリンと平均台を掛け合わせたようなスポーツ。本来は木と木に結びつけて行うのですが、我が家にあるのはそれの室内練習用。
・この上を歩くだけで体幹が鍛えられる
・バランス感覚が身につく
・大人から子どもまで使える
・和室の上段に上がる時のステップとして活用

第4位

カードゲーム

❶ UNO（税込 ¥1,058）
❷アルゴ（税込 ¥1,543）
❸ドブル（税込 ¥1,944）
❹ピラミッドカードゲーム（現在販売終了）

TV ゲームがないかわりに、家族でカードゲームを行うことが多いです。 メリットはこちら。
・ルールが簡単
・持ち運びできるのでどこでもできる
・数字さえ読めれば 3 歳児でもできる
・大人と子どもが真剣勝負できる
・推理力を学べる
災害避難グッズにもひとつ入れています。

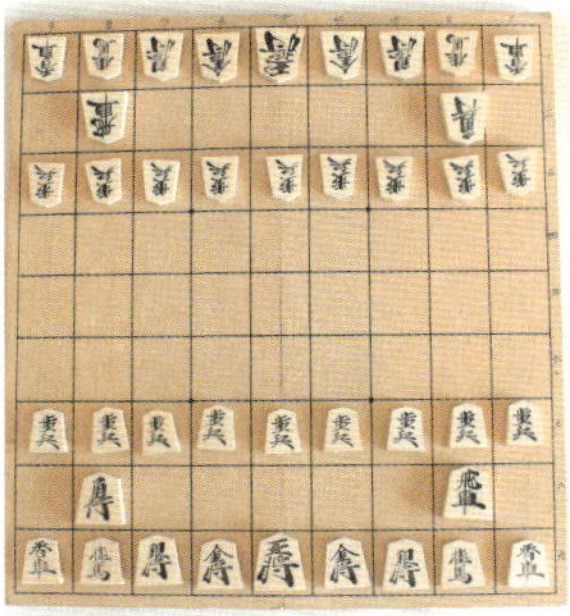

第5位

将棋

（税込 ¥2,890）

英才教育とは無縁の我が家ですが、唯一勉強っぽいことといえば「将棋」。 小さいころから将棋を指すメリットは、次の 5 つ。
・大人とでも対等に戦える
・小さいスペースで、幅広い年齢の人と対局できる
・論理的思考が身につく
・負けた時にくやしさはあるが、怒りは生まれない
・記憶力が良くなる
特に 4 つめに関しては偶然性の高いゲームと違い、負けた時は自分に原因があるのが分かっているので、子どもがプンプン怒らないのがいいです。

第6位

ボードゲーム

❶モノポリー
（現在販売終了。モデルチェンジ品は税込 ¥3,024）
❷ラミーキューブ（税込 ¥3,888）

❶言わずと知れたボードゲーム。3 歳児はサイコロで数字を、6 歳児はお札の計算を学べます。各マス目は子どもたちが独自で考えたルールです。漢字がある程度読めるようになってきたら 正式ルールで対戦したいと思っています。
❷こちらも世界大会が開かれるほど有名なボードゲーム。冷静な判断力、発想力、緻密な戦略が養われ、スピーディーに展開していきます。数字さえ読めれば 3 歳児でもできます。子どもが産まれる前は、お正月の集まりで大盛り上がりでした。

＊担当編集者が、著者夫婦に聞いてみた＊

Q あなたにとって、ミニマリストとは？

著者…単にモノを持たないだけでなく、持たないことで生まれる「○○」に価値を感じる人のことかな、と感じます。「○○」にあたる部分は、私は「時間」です。子どもと触れ合う時間や、新しいことに挑戦する時間、もちろん夫との日々の会話の時間もです。

夫…一言でいうと「心の余裕」です。部屋が片づいていると、不思議と心が穏やかになってきます。

Q ライフオーガナイザーって、みんなミニマリストなんですか？

夫婦…そうではありません。私たち夫婦が「モノを減らして楽に暮らす」ことを得意としているだけです。ライフオーガナイザーは一人ひとり得意分野が違うので、「ご自身がどうなりたいか」に合ったライフオーガナイザーを選ぶといいと思います。

Q 汚部屋と夫婦仲って関係ありますか？

著者…あなたが今過ごしている部屋に心地よさを感じていないのであれば、夫婦関係がギスギスしてくることが多いです。それが汚部屋だと可能性はグッと上がるのではないでしょうか。

夫…直接関係するかは分かりませんが、部屋を片づける時、まず住んでいる人の価値観（何が好きか、何に価値をおいているか、それはなぜかなど）を明確にします。そうすることでお互いに大切にしていることが分かり合えるので、意見を言い合う時もあまり感情的にならず、結果的に夫婦仲が良くなるかもしれません。

Q パートナーにどう協力を仰げばいいですか？

著者…自分だけが頑張るのではなく、「この部屋がどうなったらもっと気持ちよく過ごせると思う？」と問いかけてみてはいかがでしょうか。

夫…「なぜ片づける必要があるのか」を夫婦でしっかり話し合うことだと思います。経験上、片づけについて、夫婦の共通の目的や目標があると、サポートしてもらいやすいです。

Q ミニマリスト夫婦が子どもに与える影響は？

夫婦…「家にモノが少ないと、子どもが潔癖症になってしまうのでは？」と心配する方もいらっしゃいますが、ふだんは部屋いっぱいにモノを広げて遊んでいるので、潔癖どころではありません（笑）。ただ、子どもたちは5分で部屋をリセットできることを知っています。なのでいい影響はあっても、悪い影響はないと断言できます。

Q 子どものしつけはどうしていますか？

著者…私は「親子で心がニコニコした時間を過ごすこと」に重点を置いて子どもたちと接しています。夫婦でも価値観が違うので、それぞれ自分が大切だと思うことを子どもに伝えている感じでしょうか。

夫…片づけのしつけはほとんどしていません。片づけの理屈を理解してもらうのは大変ですし、親が楽しそうに片づけを見せるだけで、子どもが自主的にやってくれるからです。その分、「友達への接し方」や「人への感謝の表し方」に重点を置くことにしています。

Q 独身だけど、活用できますか？

著者…今までお片づけを一緒に行ったお客様の中でも、独身の方ほどキープできていますね。

夫…できます。むしろ、独身のころから実践することをおすすめします。なぜなら、本書で扱う片づけメソッドは自身の価値観、すなわち自分がどういう人生を送りたいかを明確にすることから始まります。これは、結婚相手を選んだり、家を購入する、といった人生の岐路できっと役に立ちますよ。

Q 長期間家を留守にする時、気をつけていることは？

著者…・ピカピカに掃除しておく・帰宅当日の食事の準備・帰宅翌日の仕事の準備。ここまでやっておけば、「ただいま。やっぱりおうちが一番！」となりますね。

夫…戸締り！　そして「帰ってきた〜」とホッとできる家の状態にしてから出かけることでしょうか。

Q 夫婦の「片づけの絆」を深めるものは？

著者…日頃からよく話すことが一番だと思います。

夫…お互いの価値観や大切にしていることを尊重することでしょうか。

Q おしゃれが好きだけど、ミニマリストになりたいんです。

夫婦…私たちは決してオシャレな方ではないですが、本当はおしゃれが好きな人こそ、自分に合った服を選びとれるので、ミニマリストに向いていると思います。

Q 親と同居の場合、気をつけることは？

著者…「危険」「取りづらい」などのキーワードをうまく使って、暮らしやすさを一緒に作り上げていくスタンスが必要です。

夫…特に私たちの親世代は、モノを持つことが喜びという価値観があるので、モノを捨てることに抵抗をもつ方が多いのではないでしょうか。モノを捨てることにフォーカスするのではなく、まずはどのような暮らしをしたいかを話し合うことが大切だと思います。

Q なぜライフオーガナイザーになったのですか?

著者…ライフオーガナイザーには、空間(モノ)を片づけるだけでなく、時間や情報、心のオーガナイズがあったからです。まさに生活(ライフ) 全般ですよね。

夫…はじめは妻が楽しくやっているライフオーガナイザーの仕事というものを理解したいという気持ちから興味を持ちました。その後、妻がライフオーガナイザーとしてお客様宅で片づけサポートするときに夫婦で相談する人が多いと知り、夫の立場での片づけ提案もできたら面白そうだなと思い、自分も資格を取りました。

Q 片づけとオーガナイズの違いは?

夫婦…単にモノひとつひとつに住所を決める、というのが「片づけ」ではなく、そこに「しくみ」を入れ込むのがオーガナイズだと考えています。その点で、「トヨタ式」はうってつけでした。

Q ミニマリストの防災グッズを教えてください。

著者…食べ物は、家族が最低3日間食べられる量を常備しています。でも、それを普段もちょくちょく食べているので「ローリングストック」で補充を欠かさないようにしています。

夫…家の中にモノが少ないので、何かの下敷きになるとか、入り口がふさがれて逃げられない、という心配はありません。防災グッズは玄関と車に一式ずつ保管しています。

Q 「ミニマリスト一家」は可能ですか?

著者…自分のこだわりを家族に押しつけなければ可能だと思います。意見が合わない時は、モノが増えたとしても相手の要望を飲む妥協が必要かな、と思います。

夫…もちろん実現可能です。ミニマリストになりたい! ではなく、一緒に住んでいる人の意見をちゃんと吸い上げてかなえてあげたい! と考えて行動した結果が、ミニマルな生活になっただけですから。

＊香村家のモノを、全部数えてみた（1759個）＊

❶キッチン内の電子レンジ台収納と冷蔵庫（109個）

●常に出しているもの
冷蔵庫（1）電子レンジ台（1）ゴミ箱（1）スツール（1）掃除機（1）
A: オーブンレンジ（1）アタのカゴ（1）
B: コーヒーメーカー（1）クリーマー（1）コーヒー豆ガラス保存容器（1）エスプレッソグラス（2）マグカップ（3）マグカップツリー（1）
C: Iwaki パック & レンジ（10）※フタは 236 ページ I に収納
D: ワイングラス（3）デュラレックスグラス（4）
E: プラスチック収納カゴ（4）紙袋（8）浄水器カートリッジ 8 個入り（1）ジップロック 80 枚入り（1）オーブン天板（2）オーブン網（1）エプロン（1）炭酸水カートリッジ 10 回分（5）おろし金（1）計量カップ（1）キッチンスケール（1）哺乳瓶･ベビーコップ･搾乳グッズなど（5）お弁当バッグ（2）かき氷器（1）
F: アイアンカゴ（2）マルチブレンダーセット（1）炭酸水メーカー（1）炭酸水カートリッジ 10 回分（1）水筒（5）キッチンペーパー（1）
G: 冷蔵庫
冷蔵室→調味料を保存するためのセラーメイト瓶（6）粉類を保存するためのフレッシュロック保存容器（8）陶器製保存容器（2）炭酸水メーカーボトル（1）冷凍室→タッパーウエア（5）プラスチック収納ケース（5）野菜室→プラスチック収納ケース（3）ブリタ浄水ポット（1）

❷キッチン収納（238 個）

●常に出しているもの

キッチンツール（6）ホットクック（1）ごはん鍋（1）ミルクポット（1）キッチンタイマー（1）

A：フキン（6）コースター（6）灰皿（1）氷枕（1）爪楊枝一式（1）掃除機紙パックストック（1）ミニレシピ（1）S 字フック（4）ロウソクセット（1）カゴ（1）

B：18cm のフライパン（1）グリルパン（1）鍋フタ（1）

C：圧力鍋（1）ホットサンドメーカー（1）ストウブ（1）

D：ラップ（2）プラスチック収納ケース（1）ストック食品（数除外・3 日分）

E：深皿大（2）深皿中（2）小深皿（4）お茶碗（4）マグカップ小（2）

F：はし（4）スプーン類（10）フォーク類（8）来客カトラリー（10）ナイフ（3）菜箸（2）キッチンバサミ（1）ワインオープナー（1）缶切り（1）計量スプーン（1）包丁とぎ器（1）ライター（1）刷毛（1）ピーラー（1）マスキングテープ（1）しゃもじ（1）

G：中皿（8）小皿（4）

H：ティーセット（5）湯呑み（2）豆皿（8）御猪口（1）

I：大皿（4）まな板（2）ボウル（1）ラップ類（4）洗剤類（6）メラミンスポンジ（20）麦茶ポット（3）ジップロック 80 枚入り（1）包丁（2）※保存容器のフタ（10）

J：ダスター（8）グラスのストック（4）ガラス容器（2）プラ保存容器（3）プラカゴ（3）ナイロン（1）ナイロン手袋（1）弁当カップセット（1）袋止めクリップ（12）ペーパーナプキン（1）ごみ袋（4）お箸セット（2）幼稚園用コップ（1）竹箸（8）ピザカッター（1）巻きす（1）ラッピングバッグ（1）

❸洗面収納（216 個）

●**常に出しているもの**

洗濯機（1）スツール（1）ハンドソープ（1）一輪挿し（1）足ふきマット（1）体重計（1）クイックルワイパー（1）

A：ヘアワックスのストック（5）ネイル用品（9）メイク落とし（1）日焼け止め（1）メイクグッズ（20）メイクポーチ（1）ティッシュ（1）綿棒セット（1）収納ケース（2）

B：ボディケア用品（3）香水（2）ヘアケア用品（5）デンタルケア用品（9）コップ（1）収納ケース（1）

C:ヘアピンセット（2）散髪セット（1）貼る医薬品（6）ボディクリームストック（1）アクセサリー（16）収納ケース（5）

D：フェイスタオル（12）バスタオル（3）ドライヤー（1）収納ケース（1）

E：収納ケース（7）ヘアアイロン（1）床ワックス（1）ワックス剥離剤（1）重層（1）オキシクリーン（1）セスキ炭酸ソーダ（1）カビキラー（1）松の力（1）衣類の香り付け（1）コットンパフ（1）クイックルワイパーシート（1）粘着ローラー（1）ティッシュペーパー（5）歯ブラシ替え（5）せっけん（1）ドライシャンプー（1）カミソリ（4）おむつ 64 枚入り（1）ウェットシートストック（3）

F:夫：収納ケース（1）パンツ（4）靴下（4）インナー（2）／著者：収納ケース（1）下着上下（3）靴下（2）タイツ（2）ストッキング（5）インナー（2）／長男：収納ケース（1）パンツ（4）靴下（3）／次男：収納ケース（1）パンツ（4）靴下（3）

G：夫のパジャマ（1）著者の寝着（1）カゴ（1）

H: お風呂／風呂イス（1）ベビーチェア（1）片手桶（1）シャンプー（1）リンス（1）ボディソープ（1）メイク落とし（1）シャンプーブラシ（1）カミソリ（1）軽石（1）ボディスポンジ（1）フック（2）スイミングゴーグル（2）

❹玄関エリア（132 個）

●常に出しているもの
フラワーベース (2) アイアンフック (1) アイアン棚 (1) 傘 (2) ハンコ (1) 鍵 (1) 靴ベラ (1)
❶取説と非難グッズ
取扱説明書一式 (1) カセットコンロ (1) ガスボンベ (1) 避難バッグ (1) 避難バッグの中身 (14)
❷工具・外に出る時に使うモノ
収納カゴ (12)
A：**最上段**→工具／電動ドライバー (1) 工具セット (1)
B：**2 段目**→外出時に使うモノ／エコバック (1) 麦わら帽子 (1) 折り畳み傘 (2)
C：**3 段目**→外出時に使うモノ／今使っているバッグ (2) 大人用ストール・マフラー・手袋 (9)
D：**4 段目**→外出時に使うモノ
クールスプレー (1) カイロ 40 個入り (1) マスク一式 (1) マスクスプレー (1) ルームスプレー (2) ポケットティッシュ (7) ハンカチ (5)
E：**5 段目**→外出時に使うモノ／子ども用帽子 (3) 子ども用手袋 (3) スリッパ (6)
F:**最下段**→日用品とアウター:軍手 (2) 懐中電灯 (1) 防水スプレー (1) 靴の手入れ用品 (1) 今使っていない電化製品 (5)DIY 用ペンキ一式 (1) 読み終わった新聞 (1) アウター (4) 子ども用リュック (2)
❸靴
G：今履いている靴／夫 (2) 著者 (4) 長男 (4) 次男 (5)
H：今履いていない靴／夫 (5) 著者 (3) 長男 (0) 次男 (3) 体育館シューズ (2)

⑤リビングにあるもの（46個）

●**家具**:黒の1人掛けチェア (1)3人掛けソファ (1) ラグマット (1) サイドテーブル (2) ベンチ (2) ダイニングテーブル (1) ダイニングチェア (2) ベビー用チェア (1) スツール (2) 鏡 (1)
●**インテリア**：植栽 (8) 一眼レフ (1) 望遠レンズ (1) 絵本 (5) アロマオイル (3) キャンドル (1) カゴ (1) カーテン (2)
●**電化製品**：オーディオプレーヤー (1) 床掃除ブラーバ (1) 加湿器 (1) エアコン (1) エアコンのリモコン (1)
●**ベビー用品**：抱っこ紐 (1) 授乳クッション (1) 座布団 (1)
●**消耗品**：ティッシュ (1) ウェットティッシュ (1)

●その他の場所（65個）

●**ベランダ**：サンダル (3) 植栽 (10) ラティス一式 (1) ウッドデッキパネル一式 (1) バケツ (3) 水鉄砲 (4) 金魚鉢セット (1) 防災用水一式 (1) おむつ処理ポット (1) 布団干しバサミ (2) 洗濯バサミ (4)
●**トイレ**：インテリア小物 (2) アロマオイル (1) 掃除道具 (1) トイレットペーパー (6) 女性用布ナプキン一式 (1) バケツ (1) 子ども用便座 (1)
●**外**：車 (1) 自転車 (2) 自転車用ヘルメット (2) ベビーカー (1)
●**車中**：ゴルフセット (2) チャイルドシート (3) 非常用避難グッズ (10)

❻リビング収納（290 個）

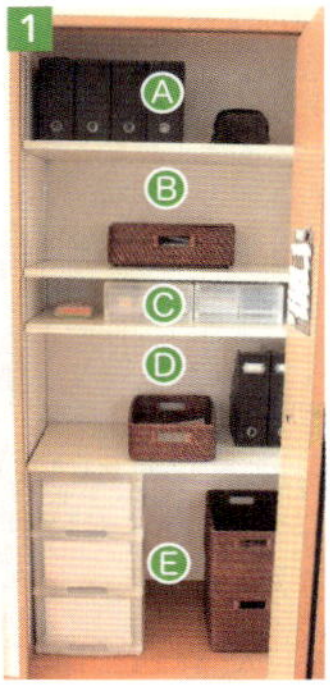

収納❶

A：最上段…本とカメラ
収納ケース (4) 英語テキスト (13) 夫の仕事本 (8) 妻の仕事本 (10) 料理本 (9) ポーチ (1) カメラレンズ (1) ぬいぐるみ (2)

B：2段目…とりあえずボックス
収納カゴ (1) 未処理書類 (9) カレンダー (1) ツボ押し (2) kindle(1)PC(2) スケジュール帳 (1)

C：3段目…日用品
収納ケース (2) 記録メディア (4) ミニキャンドル (2) マスキングテープ (2) ハサミ大 (1) シールセット (1) 色ペンセット (1) 折り紙セット (1) ハンコセット (1) 鉛筆 (3) 鉛筆削り (1) 画鋲セット (1) ソーイングセット (1) 薬ポーチ (1) 頭痛薬 (1) 総合風邪薬 (1) 鎮痛剤 (1) アレルギー薬 (1) 漢方薬 (1) ガムテープ (1) 財布 (4) カード類 (44) 電池 (11) ミニ工具セット (1) 充電ケーブル (6)

D：4 段目：長男学用品
収納カゴ (1) 収納ケース (2) ランドセル (1) 通学バッグ (1) 使っている教科書一式 (1) 重要プリントバインダー (1) 体操服上下 (2)

E：最下段：子ども服&次男の通園用品
●**収納ケース (1)**・長男→トップス (10) ボトムス (4) インナー (2)・次男→トップス (9) ボトムス (4) インナー (2)・長女→カバーオール (5) インナー (5) ガーゼ (4) スタイ (6) 靴下 (2) 抱っこ紐のよだれカバー (2) おむつ (3)
●**カゴ (1)** 次男の通園バッグ (2) 幼稚園制服 (2)

収納❷

F：上段→文具：カゴ (1) 収納ケース (1) セロテープ (2) メジャー (1) ペン (6) 衛生用品 (4) ハサミ (1) カッター (1) ホチキス (1) 芯 (3) 修正テープ (1) ボンド (1) 消しゴム (1)

G：中段→書類：収納ケース (2) 書類 (14)

H:下段→書類:収納ケース (3) 母子手帳 (3) 母子手帳ケース (2) ポーチ (1)ipad(1) 使い終わった教科書 (8)

❼ＴＶルーム（170 個）

●家具・電化製品：
こたつテーブル（1）こたつ布団（1）ラグ（1）座椅子（1）座布団（1）和室のふすま（2）電子ピアノ（1）ピアノのイス（1）TV（1）TV ボード（1）HDD レコーダー（1）ブルーレイレコーダー（1）プリンター（1）コピー用紙一式（1）プリンターインク（6）電源タップ（1）リモコン（4）カーテン（2）エアコン（1）カゴ（3）茶香炉（1）時計（1）アイアンのカゴ（1）ドライフラワー（1）

●上段収納（スポーツ用品と趣味）
A：**収納ボックス 1** →収納ボックス（1）ランニング用ウェア（4）ウェストポーチ（1）帽子（2）
B：**収納ボックス 2** →収納ボックス（1）布（10）ボタン類（1）バイヤステープ類（1）ゴム類（1）プラスチックナップ類（1）リボン類（1）ワッペン類（1）ファスナー類（1）布カッター（1）編み物小物一式（1）棒編針セット（1）かぎ編針セット（1）
C：**収納ボックス 3** →収納ボックス（1）毛糸（35）
D：**収納ボックス 4** →収納ボックス（1）編み物関連の本（9）

●下段収納（衣類とスーツケース）
E：**衣類**→スーツのジャケット（2）冠婚葬祭服（4）ベビードレス一式（1）ハンガー（10）著者の仕事バッグ（1）仕事バッグの中（11）来客用マットレス（1）カゴ（1）アイロン（1）アイロン台（1）ミシン（1）ワンタッチテント（2）
F:**スーツケース**→スーツケース（2）夏用毛布（2）冬用毛布（2）電気毛布（1）スイミングバッグ（2）スイミングタオル（2）水着（5）ゴーグル（2）スイミングキャップ（4）

⑧寝室（203個）

●常に出しているもの

アルミ保温シート（1）ダブルサイズのマットレス（1）掛け布団（1）シーツ（1）冬用シーツカバー（1）毛布（1）湯たんぽ（1）枕（2）枕カバー（2）エアコン（1）エアコンのリモコン（1）アロマディフューザー（1）フラワーベース（1）ドライフラワー（1）

●クローゼット

A：**最上段…着物（15）来客用掛けふとん（1）**

B：**2段目…着物グッズ・使っていないバッグ・その他**

・**着物グッズ**→収納ケース（1）浴衣（2）パジャマ用浴衣（1）パジャマ用着物（2）帯（6）襦袢（2）小物（10）

・**バッグ類**→バッグ用ケース（1）今使っていないバッグ（3）

ファイルボックス→ファイルボックス(6)画用紙セット（1）仕事用ファイル（10）仕事テキスト（15）レターセット（1）祝儀袋（4）ハガキ（10）外貨（1）外貨用財布（1）名刺（1）フライヤー（1）チラシ（1）

C：**3段目…衣類とスーツケース**

収納ケース（1）カゴ（1）毛玉取り（1）布団乾燥機（1）

・**夫**：スーツ（2）スーツのボトムス（4）カッターシャツ（5）セーター（2）ネクタイ（8）ベルト（1）通勤用バッグ（1）バッグの中身（10）トップス（10）インナー（3）セーター（2）ボトムス（4）アウター（5）今着ていないパジャマ（1）

・**著者**：スーツのボトムス（2）パンツ（2）スカート（1）トップス（4）ブラウス（3）ワンピース（10）カーディガン（2）セーター（1）アウター（4）

❾和室（290 個）

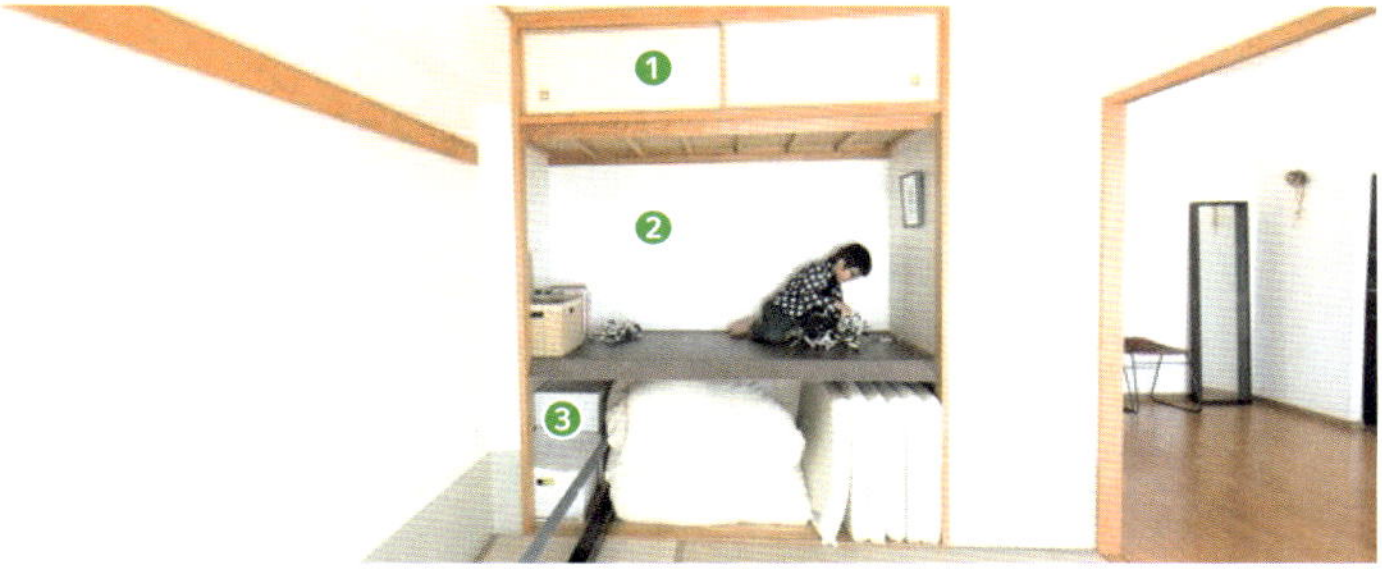

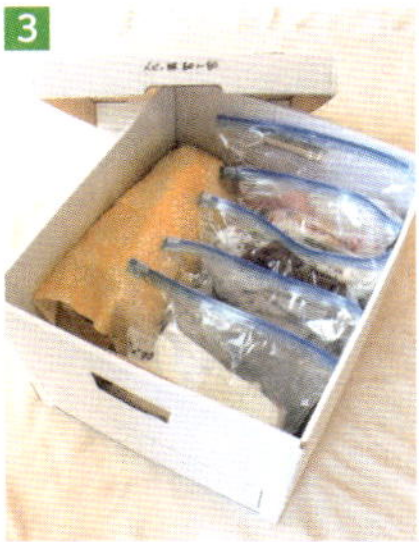

●常に出しているもの
スラックライン（1）ほうき（1）ちりとり（1）エアコン（1）
❶●収納ボックス大（4）小（8）
A：大①→ピアニカ（2）絵具セット（1）
B：大②→ぬいぐるみ（4）CD・DVD 一式（2）
C：大③→ボードゲーム（2）
D：大④→キッチンペーパーのストック（4）
E：小①→ウルトラマン玩具（4）トランスフォーマー玩具（4）
F：小②→ LaQ 一式（1）ラミーキューブ（1）パズル（3）
G：小③ Z カードゲーム（8）レゴ一式（1）
H：小④→プラレール（1）
I：小⑤→マンガ（20）
J：小⑥→文庫本（22）
K：小⑦→絵本（40）子どもの写真（4）卒園アルバム（1）
L：小⑧→ハードカバー本（6）英語テキスト（9）
❷●押入れ上段
収納カゴ（1）収納ケース（1）図鑑（11）本（4）そろばん（2）オモチャ（5）自由帳（2）色鉛筆（1）筆箱（1）鉛筆（3）消しゴム（1）エアコンのリモコン（1）眼鏡ケース（1）眼鏡ふき（1）
●押入れ下段
除湿シート（2）シングルサイズマットレス（2）掛け布団（2）シーツ（2）シーツカバー（2）毛布（2）扇風機（1）
❸●収納ボックス大（3）
A：収納ボックス大①→子ども服アウター季節外のモノ（5）
B：収納ボックス大②→子ども服（20）帽子（2）その他（5）
C：収納ボックス大③→ベビー服（36）ガーゼ（10）その他（5）

おわりに

この本を執筆中の8月に、第3子を出産しました。

予定日の2週間前、いつものように検診に行ってそのまま入院となり、翌日には無事長女が誕生しました。入院期間は7日間。

そうです、子どもの夏休みの真っただ中、何の準備もせず家を一週間も空けたのです。

でも、私が新生児を連れて帰宅した時、夫・長男（6歳）・次男（3歳）の男3人だった自宅は、いつもとまったく変わらず片づいていました。自分でも驚きました（笑）。

その30分後には出産祝いの来客がありましたが、お待たせ時間ゼロ秒でお迎えすることができました。

その後も特別誰かに頼らなくても、家族に「イラッ」とすることなく、楽しく過ごすことができました。1人目を産んだ7年前よりも、2人目を産んだ4年前よりも、2人を世話しながらの今回が、一番スムーズに家事を回すことができたのです。

それらを体感して、私は改めて「トヨタ式おうち片づけ」の効果を実感せずにはいられませんでした。それと同時に、「片づけは自分一人が頑張っていても成功しない」、ということも強く感じたのです。

この本を手に取ってくださったあなたにも、私と同じように「片づけ」の効果を感じてもらえたら、これほど嬉しいことはありません。

最後になりましたが、本書を執筆するにあたり、出版のイロハを教えてくださったネクストサービスの松尾昭仁様、企画編集で多大なるサポートをしてくださった実務教育出版の小谷俊介様、そして、私を頼ってくださるお客様、いつもＳＮＳを見てくださっている方々、友人、家族、すべての皆様にこの場を借りて深く御礼申し上げます。ありがとうございます。

香村　薫

著者紹介

香村 薫（こうむら・かおる）

ほどよいミニマリスト／ライフオーガナイザー
ミニマライフ.com 代表

「モノを減らして維持するしくみ」を教える、おうち片づけの専門家。

幼い頃から「なぜそうなるのか」を考えるのが大好きなリケジョ。大学卒業後、トヨタグループの世界 No.1AT・ナビ専門メーカー・アイシン AW に入社、商品企画・統括業務を担当。生来のしくみ好きの性格からトヨタ式問題再発防止策「なぜなぜ分析」に没頭し、入社 1 年目で社内特許出願件数が全社員中 1 位になる。

24 歳で結婚後、ハードワークと家事を両立させるため夫婦でミニマリスト道を突っ走るも、モノを捨てすぎて家が空っぽになり、心身に不調をきたす。そこで、夫と一緒に「何のために片づけるのか」をなぜなぜ分析し続けた結果、モノの適正数を決め、しくみで維持する片づけ方を考案。「トヨタ式おうち片づけ」と名づける。

2014 年、片づけサポート業務のミニマライフ.com を開業。自宅開催のモノの減らし方講座には全国から受講者が集まり、片づけ出張サービスは予約半年待ち。同じくミニマリストでライフオーガナイザーの夫、2 男 1 女の 5 人で愛知県岡崎市に暮らす。「やりすぎミニマリスト」経験をふまえた、「ほどよいミニマリスト」として顧客からの信頼は厚い。趣味はランニングと編み物、部屋の模様替え。

・HP
http:// ミニマライフ.com

・ブログ
http://ameblo.jp/amikarly/

5つの「しくみ」でみるみる片づく！

トヨタ式おうち片づけ

2017年3月10日　初版第1刷発行
2017年5月20日　初版第4刷発行

著者　香村 薫
発行者　小山 隆之
発行所　株式会社実務教育出版
163-8671 東京都新宿区新宿1-1-12
http://www.jitsumu.co.jp
電話　03-3355-1812（編集）
　　　03-3355-1951（販売）
振替　00160-0-78270

装丁・デザイン　藤塚尚子（デジカル）
編集・DTP　小谷俊介（実務教育出版）
撮影　河原未奈
イラスト　都愛ともか
企画協力　松尾昭仁（ネクストサービス株式会社）

印刷所　文化カラー印刷
製本所　東京美術紙工

ISBN978-4-7889-1291-5　C2077